Hausgemacht

Brot, Eingemachtes, Liköre
und fantasievolle Torten

Francesca Badi

Hausgemacht

Brot, Eingemachtes, Liköre und fantasievolle Torten

EDITION XXL

Inhalt

Das hab' ich selbst gemacht

Brote und Focaccia, Marmeladen und sauer oder pikant Eingemachtes, aromatisierte Weine und Liköre sowie originelle Torten – für all das und mehr finden Sie auf den folgenden Seiten Rezepte, aber auch Tipps und Hinweise für die Zubereitung. So lässt sich nicht nur gesund essen, sondern auch voll Stolz sagen: „Das hab' ich selbst gemacht!"

Die Freude wiederzuentdecken, naturbelassene, frische Zutaten zu verwenden, sie von Hand zu verarbeiten und dabei ihre charakteristischen, einzigartigen und unersetzbaren Qualitäten wahrzunehmen – ihren Duft, ihre Farben, ihren Geschmack –, das ist das Konzept dieses Buchs, das der Kunst des Hausgemachten gewidmet ist. In Zeiten der Globalisierung und der Uniformierung, in der für viele Dinge ein „Einheitsgeschmack" kreiert wird, der überall auf der Welt zu haben ist – ein Hamburger einer beliebigen Fast-Food-Kette schmeckt in jedem europäischen Land genauso wie in Süd- oder Nordamerika, in Australien oder Asien –, stellt es ein besonderes Vergnügen, ja geradezu einen kleinen Luxus dar, selbst ein Brot zu backen, eine Marmelade oder ein Chutney einzukochen, einen Likör anzusetzen oder eine Torte

herzustellen, die man so nirgendwo im Handel bekommt. Das Selbermachen ist aber auch eine gute Möglichkeit, alte Küchentraditionen zu erhalten beziehungsweise wiederzubeleben und Geschmackserlebnisse in Erinnerung zu rufen, die unter dem Überangebot an Fertigprodukten in Vergessenheit zu geraten drohen. Manch einer muss seinen Gaumen erst wieder schulen, um den natürlichen Eigengeschmack von frischen Nahrungsmitteln wahrzunehmen. Heute ist zwar mehr denn je von Geschmack die Rede, von Gesundheit und Wohlbefinden, dennoch greift ein sehr großer Teil der Bevölkerung aus den unterschiedlichsten Gründen – an oberster Stelle steht der Zeitmangel, aber auch Trägheit und Unwissenheit spielen eine Rolle – auf Fertigprodukte zurück. Durch die Art ihrer Herstellung und Verarbeitung haben diese jedoch keinen individuellen, sondern lediglich einen künstlichen,

unnatürlichen Nullachtfünfzehn-Geschmack. Außerdem enthalten sie zahlreiche Zusatz- und Konservierungsstoffe, Emulgatoren und Stabilisatoren, Farb- und Aromastoffe sowie Geschmacksverstärker, die oftmals der Gesundheit nicht unbedingt zuträglich sind.

Das Neue ist ... die Rückkehr zum Alten

Mit diesem Buch, das eine „alte Neuigkeit“ propagiert, nämlich die Rückkehr zum Altbewährten, schlagen wir dennoch eine radikale Innovation vor. Statt des bekannten und nur zu guten Rates: „Lesen Sie die Angaben auf dem Etikett!“ raten wir Ihnen: „Weg mit dem Etikett!“ Denn Sie selbst sind jetzt der Hersteller dessen, was auf Ihren Tisch kommt. Sie wissen von A bis Z, welche Zutaten Ihre Konfitüre, Ihr Brot, Ihre Torte enthält. Machen Sie einen großen Bogen um all jene Fertigprodukte, die von sich behaupten „gesund und naturrein" zu sein, aber auf dem Etikett eine Zutatenliste aufweisen, die von Zusatzstoffen nur so wimmelt. Oft klingen die Bezeichnungen harmlos; da ist beispielsweise von „naturidentischen Aromastoffen" die Rede, tatsächlich verbirgt sich dahinter aber reine Chemie, mit deren Hilfe künstlich Aromen erzeugt werden, die dem natürlichen Aroma eines Nahrungsmittels so sehr ähneln, dass wir den Geschmack für „echt" halten. Viele wissen gar nicht, dass beispielsweise ein im Handel gekaufter „Erdbeerjoghurt" zwar Joghurt enthalten muss, aber nicht zwangsläufig auch Erdbeeren – es genügt, wenn er nach Erdbeeren schmeckt.

Nun könnte der eine oder andere einwenden, dass diese Produkte aus der „Massenfertigung" den Familien helfen, Geld zu sparen. Aber auch das stimmt keineswegs immer.

Ein großer Vorteil des „Hausgemachten" ist die Tatsache, dass man genau weiß, welche Zutaten das fertige Produkt enthält, das man auf den Tisch bringt. Denn man kann selbst entscheiden, was man für die Zubereitung verwenden will, welches Mehl für den Teig, welche Früchte für den Belag der Torte, welche Gewürze oder Kräuter für den frisch angesetzten Likör. Gesundheit und Gaumen werden Ihnen die bewusste Rückkehr zum Unverfälschten und Natürlichen freudig danken.

Viele dieser Produkte sind echte Modeartikel, die zunächst darauf getestet werden, wie sie beim Verbraucher ankommen, und für die dann unablässig in Zeitschriften und im Fernsehen Werbung gemacht wird. Die Kosten für die Tests, die Reklame, das ganze Marketing werden dann selbstverständlich auf den Preis des Produkts aufgeschlagen. Und wer von uns denkt schon daran, wenn er ein tiefgefrorenes Fertiggericht, einen Softdrink, einen Snack, eine Fertigsoße, eine Süßspeise aus dem Plastikbecher oder Ähnliches kauft?

Um es noch einmal zu betonen: Wir wollen hier keinen Feldzug gegen die Art und Weise unternehmen, wie die Mehrheit der Verbraucher heute einkauft, noch wollen wir alle Fertigprodukte und -gerichte in Bausch und Bogen verdammen; es gibt zweifelsohne konfektionierte Lebensmittel von ausgezeichneter Qualität. Aber wir sind überzeugt, dass Qualität nicht in jedem Fall ein Synonym für Persönlichkeit ist, für die fundamentalen Charakteristika, anhand deren man ein gutes Nahrungsmittel erkennt und beurteilt. Ein bisschen Verantwortungsgefühl und etwas Aufmerksamkeit beim Kauf nützen allen – und schonen nicht zuletzt auch den Geldbeutel.

Eine gute Gelegenheit, zu sparen

Wie bereits angedeutet: Das „Hausgemachte" bietet nicht nur die Möglichkeit für eine gesündere, nährstoffreichere und natürlichere Ernährung, es hilft auch, Geld zu sparen!

Die Zutaten, die wir für unsere Rezepte verwenden, sind oft Ingredienzen der schlichten, traditionellen Küche und zumeist Grundnahrungsmittel, die auf den regionalen Märkten angeboten werden. Auch wenn das, was wir in unseren Rezepten daraus zubereiten, innovativ und originell ist, so sind die Zutaten doch bodenständig, einfach und meist preiswert zu haben. Einige wie Gemüse und Salate kann man sogar im eigenen Garten ziehen. Und für die meisten Kräuter braucht man noch nicht einmal einen Garten; ein Balkon oder eine sonnige Fensterbank genügen bereits.

Schritt für Schritt

Ein Grundcharakteristikum all unserer Bücher ist die Schritt-für-Schritt-Beschreibung von Küchentechniken oder der Zubereitung einzelner Gerichte. Indem jeder einzelne Schritt genau erklärt wird, können Sie die Zubereitung leicht erlernen und, sobald Sie „den Bogen raushaben", auf das erworbene Grundwissen aufbauen. Selbst kompliziertere Rezepte werden Ihnen dank der schrittweisen Anleitungen leicht und sicher gelingen.

Selbst gemachte Marmeladen sind eine unschätzbare Köstlichkeit. Man kann sich sicher sein, dass sie nur frische Früchte bester Qualität und nicht zu viel Zucker enthalten, und man kann ihnen mit Kräutern, Gewürzen oder Alkoholika eine Geschmacksnuance verleihen, die kein gekauftes Fertigprodukt bietet.

Was dieses Buch bietet

Wir wollen die Grundidee unseres Buches aber natürlich nicht zu weit treiben. Es stimmt, dass die Eigenproduktion ihre Grenzen hat, wir können uns schließlich keine Kuh halten, um frische Milch, Sahne und Butter zu gewinnen. Auch stellt es für viele ein Problem dar, mit eigenen Händen Zubereitetes auf den Tisch zu bringen, denn dazu ist nicht nur ein gewisser Zeitaufwand für den Einkauf und die eigentliche Zubereitung nötig, man muss auch wissen, wie man die Dinge zubereitet.

Und diesem letzten Punkt widmet sich das Buch besonders, denn jedem der vier Großkapitel ist ein Einführungstext vorangestellt, der wichtige Küchentechniken und Grundrezepte beschreibt sowie wertvolle Tipps gibt. Diese Abschnitte sollten Sie unbedingt aufmerksam lesen, ehe Sie sich an die nachfolgenden Rezepte machen. Diese sind dann so aufgebaut, dass sie Schritt für Schritt erklären, wie die schmackhaften selbst gebackenen Brote, die süßen Marmeladen und Gelees, die pikanten Chutneys, die Liköre und Würzweine sowie die originellen Torten in der eigenen Küche hergestellt werden können.

Wer seine Kenntnisse später erweitern und vertiefen möchte, der findet in anderen Büchern, in Zeitschriften oder auch im Internet eine Fülle von Informationen, Hinweisen und Ratschlägen, wie man dic Kunst des Selbermachens weiter perfektionieren kann.

Natürlich muss man sich darüber im Klaren sein, dass „selbst" oder „hausgemacht" kein Allheilmittel ist und dass es vor allem für Anfänger auch Enttäuschungen und Rückschläge geben wird. Deshalb wollen wir hier gleich in aller Offenheit sagen: Eine Packung, eine Dose oder ein Glas aufmachen und den Inhalt von der Mikrowelle erhitzt auf den Tisch bringen ist eine feine und schnelle Sache, bei der so gut wie nichts schiefgehen kann. Ein Gericht aus einer mehr oder weniger großen Menge einzelner Zutaten zuzubereiten ist eine völlig andere Sache, bei der so einiges misslingen kann. Man braucht also etwas Zeit, ein wenig Übung und ein solides Grundwissen. Genau dieses Wissen will Ihnen dieses Buch liefern – die Zeit und die Übung müssen Sie allerdings selbst beitragen.

Doch wie bei allen Dingen, die Zeit und Hingabe erfordern, glauben wir, dass sich der Einsatz auch und gerade bei der Herstellung von gutem Essen lohnt, und mit zunehmender Übung wird der Zeitaufwand ohnehin

Klarheit über alles

Das beste Rezept ist nichts wert, wenn es so verfasst ist, dass man nicht versteht, wie die Zubereitung funktionieren soll. Deshalb legen wir immer die genaue Abfolge der Zubereitungsschritte dar. Ergänzend enthalten viele der Rezepte Hinweise auf Variationsmöglichkeiten und kleine Kästen, in denen sich Wissenswertes zum Rezept oder zu einzelnen Zutaten findet.

geringer. In jedem Fall haben Sie zum Schluss die Genugtuung, stolz zu sich und den anderen sagen zu können. „Das hab' ich selbst gemacht!"

Zum Abschluss ...

Die jedem der vier Großkapitel vorangestellten Einleitungstexte sollten Sie unbedingt gründlich lesen. Im Abschnitt über das Brot erfahren Sie nicht nur Wissenswertes über die Mehle, sondern auch über den Umgang mit Hefe, Vor- und Sauerteig. Im Vorwort zum Abschnitt über die Konserven lernen Sie, wie Sie die Einmachgläser sterilisieren. Kurz: Ein bisschen Theorie schadet nicht, sie kann sogar für das Gelingen ausschlaggebend sein. Aber keine Sorge, die Schritt-für-Schritt-Anleitungen helfen Ihnen, selbst hohe Hürden zu meistern und mit der Zeit vom Anfänger zum Profi zu werden.

Brot & Focaccia

Brot ist eines der ältesten Grundnahrungsmittel des Menschen und bis heute unverzichtbar. Seine Herstellung erfordert Know-how und Erfahrung. Man muss die Eigenschaften der verschiedenen Mehle kennen und wissen, wie Hefe oder andere Triebmittel wirken sowie was beim Kneten des Teigs und beim Backen des Brotes zu beachten ist.

Brot ist ein einfaches und zugleich in Bezug auf die Herstellungstechniken durchaus anspruchsvolles Produkt mit einer sehr langen Geschichte, das Ergebnis langer Erfahrung und Beobachtung. Als gesundes, sättigendes Grundnahrungsmittel hat es im Laufe der Zeit vielen Populationen rund um den Globus das Überleben gesichert. In den verschiedenen Regionen der Welt gibt es die unterschiedlichsten Brotsorten. In vielen Ländern der Erde sind täglich frisch zubereitete schlichte Fladenbrote das unverzichtbare Grundnahrungsmittel, während man in anderen Ländern, darunter Deutschland, seit jeher große Laibe bevorzugt, deren Herstellung sehr viel mehr Aufwand erfordert, die aber auch mehrere Tage frisch und schmackhaft bleiben.

Die Abbildungen auf dieser und den folgenden Seiten zeigen eine Reihe von typisch italienischen Broten; links oben ein mit getrockneten Tomaten und Zwiebeln angereichertes Weizenbrot, wie man es in Süditalien backt, unten Taralli genannte, knusprige Kringel aus Brotteig, die gern als Snack zum Aperitif genossen werden.

Dabei ist es heute zu einer weitgehenden Durchmischung gekommen. Als typisch deutsch geltende Vollkorn-, Roggen- und Mischbrote erfreuen sich in anderen europäischen Ländern großer Beliebtheit, während man in Deutschland italienische Spezialitäten wie Ciabatta oder die an die Pizza erinnernden belegten Fladenbrote – Focaccia und Schiacciata – entdeckt oder die weiche, in Frankreich so beliebte Brioche, die mit ihrem angereicherten Teig bereits den Übergang zum Kuchen darstellt.

Es ist noch gar nicht so lange her, dass besonders in den ländlichen Gebieten das selbst gebackene Brot eine Selbstverständlichkeit war. Heute haben wir auf der einen Seite die Bäckereien alten Stils, in denen die Bäckermeister ihr vielfältiges Warenangebot noch selbst in der eigenen Backstube zubereiten, andererseits die Bäckereiketten, die von Fabriken beliefert werden, in denen die Brote und Brötchen maschinell hergestellt werden. Das Angebot ist so breit gefächert und verlockend, dass es zunächst fragwürdig erscheint, warum man ausgerechnet Brot selbst backen soll. Immerhin ist es weder ganz einfach noch geht es schnell. Doch sollten Sie bedenken, dass die industrielle „Serienfertigung" des Brotes zulasten der Qualität geht. Die Teige werden aus vorgefertigten Backmischungen hergestellt, die zwangsläufig Zusatzstoffe erhalten, die garantieren, dass die Konsistenz, das Aussehen, der Geschmack, die Haltbarkeit und so weiter immer absolut gleich ausfallen. Bei selbst gebackenem Brot kann man auf solche Zusatzstoffe verzichten, erhält aber auch jedes Mal ein geringfügig anderes Ergebnis. Schlimmstenfalls erweist es sich sogar als Misserfolg, denn beim Brotbacken kommt es nicht allein auf die Zutaten an. Auch die Raumtemperatur und die Luftfeuchtigkeit spielen eine ganz entscheidende Rolle. Dasselbe Rezept kann an einem heißen, trockenen Sommertag zu einem anderen Resultat führen als an einem kühlen Regentag, denn bei hoher Luftfeuchtigkeit nimmt das Mehl weniger Flüssigkeit auf. Damit Sie beim Brotbacken möglichst viel Erfolg haben, geben wir Ihnen im Folgenden einen Überblick über die Grundzutaten und die wichtigsten Techniken:

Die Mehle

Das Mehl ist die Hauptzutat und macht drei Viertel eines Brotes aus. Die wichtigsten Getreidesorten, aus denen Mehl gewonnen wird, sind Weizen, Roggen, Gerste, Hafer und Mais, aber auch aus Hirse, Dinkel, Reis, Kichererbsen, Buchweizen und anderen Körnern sowie aus Knollen und Wurzeln wie Kartoffeln und Maniok wird Mehl hergestellt, das mehr oder weniger zum Brotbacken geeignet ist.

Beim Weizen unterscheidet man Weich- und Hartweizen. Hartweizen enthält besonders viel Eiweiß und Kleber (Gluten), weshalb er zum Brotbacken besser geeignet ist als das aus Weichweizen gewonnene Auszugsmehl, das unser übliches Haushaltsmehl (Type 405) darstellt. Dieses kann man aber ebenfalls verwenden,

besonders wenn man es mit dem aus kleberreichem Hartweizen hergestellten Grieß vermischt (siehe das apulische Grießbrot auf Seite 39).

Roggenmehl enthält wenig, Hafer-, Gerste- und Maismehl gar keinen Kleber, weshalb man sie zum Brotbacken fast immer mit einem Anteil Weizenmehl mischt. Es ist nämlich vor allem der Kleber, der garantiert, dass die Hefe ihre Wirkung entfaltet, also dass der Teig aufgeht und locker wird und sich der typische Brotlaib entwickelt. Will man hingegen knusprige oder weiche Fladen backen, die nicht zwingend Hefe enthalten müssen (man denke an die aus Maismehl hergestellte mexikanische Tortilla), kann man auf das Weizenmehl verzichten.

Das geerntete Korn wird geschält, geputzt und dann zwischen Mühlsteinen oder Walzen zerrieben oder zerquetscht. Dabei entsteht zunächst Schrot, aus dem die Kleie (Hüllen der Getreidesamen) ausgesiebt wird. Durch weiteres Vermahlen entsteht Grieß und schließlich das feine Mehl. Vollkornmehl, zum Brotbacken bestens geeignet, enthält noch alle Bestandteile des Korns und ist entsprechend nährstoffreicher als das weiße Auszugsmehl.

Der Umgang mit Hefe

Bei Hefe, in Österreich Germ und in manchen Teilen Norddeutschlands auch Bärme genannt, handelt es sich um lebende Mikroorganismen (Pilze), die sich bei der Alkoholvergärung (beispielsweise der des Biers) als breiige Masse absetzen. Zu Würfeln gepresst wird sie frisch als Bierhefe verkauft oder sie kommt als getrocknetes Pulver in Tütchen in den Handel. Sowohl das Granulat als auch die frische Hefe brauchen handwarmes Wasser, um angeregt zu werden. Während man die Trockenhefe aber gleich mit dem Mehl vermischt (dem dann die Flüssigkeit zugesetzt wird), gibt man die frische Hefe in eine Schüssel, zerkleinert sie mit einem Holzlöffel und löst sie mit handwarmem Wasser (37 °C) zu einer glatten Paste auf. Ist das Wasser zu heiß, stirbt die Hefe ab, ist es zu kalt, bleibt sie inaktiv. In der Regel verwendet man zum Auflösen ein Viertel der im Rezept vorgesehenen Gesamtwassermenge. Die so angerührte Hefe bleibt 15 Minuten aktiv, dann benötigt sie die Stärke des Mehls. Salz hemmt, Zucker beschleunigt den Gärprozess der Hefe, weshalb man das Salz unter das Mehl mischt, jedoch niemals an den Hefeansatz gibt.

Sauerteig

Der in früheren Zeiten alternativ zur Hefe verwendete Sauerteig (schon in der Bibel ist von ihm die Rede) entsteht, wenn man mit Wasser angerührtes Mehl – vorzugsweise Roggenmehl – offen an der Luft stehen lässt. Die in der Luft vorhandenen Milchsäure- und Essigbakterien sorgen nach einiger Zeit für die nötige Gärung. Mit Sauerteig zubereitete Brote haben einen besonders intensiven Geschmack.

Es gibt verschiedene Methoden, eigenen Sauerteig herzustellen. Wichtigste Grundvoraussetzung ist absolute Sauberkeit, sonst gärt der Teig nicht, sondern schimmelt und fault. Ein geeignetes Gefäß ist ein großes Einmachglas, das man vor der Verwendung sterilisiert (siehe Seite 58).

Erste Methode: 250 g Roggenmehl mit 250 ml handwarmem Wasser und ½ Tasse Sauerkrautsaft (er enthält Milchsäurebakterien) gründlich verrühren und in das Einmachglas füllen. Dann bei 25–30 °C 3–4 Tage mit einem sauberen Tuch bedeckt gären lassen. Sobald sich an der Oberfläche Blasen zeigen, ist der Sauerteig zur Weiterverarbeitung reif.

Das Wasser

Damit aus dem trockenen Mehl ein Teig werden kann, muss man Flüssigkeit zusetzen. Beim Brotteig ist das in den meisten Fällen Wasser, wobei ganz normales Leitungswasser verwendet werden kann (sofern es nicht extrem kalkhaltig ist). Damit die Hefe angeregt wird, sollte das Wasser handwarm sein, also eine Temperatur von 30–37 °C haben. Die bei den einzelnen Rezepten angegebenen Wassermengen sind Richtwerte. Ob man die gesamte Flüssigkeit oder vielleicht sogar etwas mehr braucht, hängt von der Art des Mehls und der herrschenden Luftfeuchtigkeit ab. Man arbeitet das Wasser deshalb portionsweise ein. Für Brote mit zarter Krume (Brioche) kann man auch Milch, Buttermilch oder Joghurt verwenden.

Das Salz

Das Salz verleiht Geschmack, hemmt aber auch die Gärung der Hefe. Normales Speisesalz ist gut geeignet für den Teig, weil es sich rasch löst. Grobes Salz sollte man hingegen zum Bestreuen der ungebackenen Brote verwenden.

Für die zweite Methode wird zur Beschleunigung des Vorgangs etwas Hefe verwendet: 15 g frische Hefe in einem Einmachglas mit 300 ml handwarmem Wasser anrühren. Nach 5 Minuten 250 g Weizenmehl einrühren. Das offene Glas mit einem sauberen Küchentuch bedeckt bei Zimmertemperatur 2–5 Tage gären lassen. Den Teig sofort verwenden oder im geschlossenen Glas im Kühlschrank aufbewahren. Dort hält er sich bis zu 2 Wochen. Will man ihn länger aufbewahren, alle 2 Wochen die Hälfte entnehmen und durch die entsprechende Menge frisches Wasser und Mehl ersetzen.

Braucht man nur einen Teil des Sauerteigs, ersetzt man den entnommenen Teig durch die gleiche Menge Mehl und Wasser (im Verhältnis 1:1) und lässt ihn 12–24 Stunden bei Zimmertemperatur gären, ehe man ihn wieder in den Kühlschrank stellt.

Vorteig

Durch die Verwendung eines Vorteigs wird das Brot besonders locker und bekommt einen typischen Geschmack. Der Vorteig ist ein schlichter, ziemlich fester Hefeteig, der je nach Rezept wenige Stunden bis zu einigen Tagen gärt, dann allerdings sofort verwendet werden muss. Dadurch ergibt sich der kleine Nachteil, dass die Zubereitung des eigentlichen Brotes eine genaue Vorausplanung erfordert.

Für den Vorteig vermischt man die bei dem jeweiligen Rezept angegebene Menge an Mehl, Wasser und Hefe in einer Glas- oder Porzellanschüssel (kein Metall, es wirkt sich geschmacksverändernd aus) mit einem Holzlöffel zu einem festen Teig. Dann bedeckt man die Schüssel mit einem sauberen Küchentuch und lässt ihn je nach Zeitangabe im Rezept bei Zimmertemperatur (ideal sind 18–20 °C) fermentieren.

Ist der Vorteig fertig zur Weiterverarbeitung, mischt man ihn mit den restlichen Zutaten und verfährt, wie im Rezept beschrieben.

Da jedes mit einem Vorteig bereitete Rezept seine eigenen Angaben zum Vorteig macht, kann man nur Richtwerte nennen. Im Allgemeinen rechnet man auf 100 g Weizenmehl knapp 100 ml handwarmes Wasser und 5 g frische Hefe und lässt den Teig 12–24 Stunden gären. Ist es im Sommer sehr heiß, mischt man etwas Salz (2 g auf je 100 g Mehl) unter den Teig, damit der Gärprozess etwas gehemmt wird.

Die Backtriebmittel

Sie sorgen dafür, dass aus dem mit Flüssigkeit gemischten Mehl ein leicht aufgegangener Fladen oder ein hoch aufgegangener Laib wird. Hefe ist das üblicherweise für Brote verwendete Triebmittel. Es handelt sich dabei um lebende Mikroorganismen, genauer um Pilze, die – angeregt durch Wasser und genährt durch Zucker – auf biologischem Wege Kohlendioxid erzeugen, jenes Gas, das den Teig aufgehen lässt. Frische Hefe ist empfindlich und muss innerhalb weniger Tage verbraucht werden, Trockenhefe ist relativ lange haltbar. Sowohl frische als auch Trockenhefe sind zum Brotbacken geeignet, frischer Hefe sollten Sie jedoch den Vorzug geben. Für schnelle Brote und Fladen wird gern auch Backpulver, Natron oder Hirschhornsalz verwendet. Kommen diese Pulver mit Wasser in Verbindung, gibt es eine chemische Reaktion, bei der ebenfalls Gas freigesetzt wird, dessen Wirkung aber wieder verpufft, wenn der Teig nicht sofort gebacken wird.

Das Kneten des Teigs

Teige auf Hefebasis müssen, nachdem die Zutaten vermischt sind, gründlich geknetet werden, damit der Teig vor dem Gehen und später beim Backen gut und gleichmäßig aufgeht. Durch das Kneten wandelt sich das Eiweiß des Mehls in Kleber um und die Stärke wird in ihre Bestandteile zerlegt. Das wiederum gibt der Hefe die benötigte Nahrung, um die Kohlendioxidblasen zu entwickeln, die den Teig aufgehen lassen.

Auf einer bemehlten Arbeitsfläche walkt man den Teig mit den Fingern und Handballen etwa 10–15 Minuten lang kräftig durch, zieht und faltet ihn, bis er eine glatte, seidige Oberfläche hat und sich insgesamt elastisch anfühlt. Danach wird er zu einer Kugel geformt, damit er gehen kann.

Sehr feuchte Teige, wie etwa für die Ciabatta (siehe Seite 20), kann man nicht kneten. Sie werden in der Schüssel sehr gründlich mit dem Holzlöffel geschlagen und durchgearbeitet.

Das Gehen des Teigs

Der geknetete Teig wird in eine leicht mit Öl ausgestrichene Schüssel aus Glas oder Porzellan gelegt, die groß genug ist, dass er darin sein Volumen mindestens verdoppeln kann. Metallschüsseln sind nicht so gut geeignet, weil sie die Wärme zu stark leiten, wodurch der Teig ungleichmäßig und zu schnell geht.

Die Schüssel wird mit einem sauberen Küchentuch zugedeckt und bei Zimmertemperatur an einen zugfreien Platz gestellt, zum Beispiel in den nicht eingeschalteten Backofen. Üblicherweise dauert es 1–2 Stunden, bis der

Teig gegangen ist und sein Volumen verdoppelt hat. Man testet mit der Fingerkuppe, ob er „reif" ist, indem man eine leichte Delle oben in die Mitte des Teigs drückt. Springt die Delle sofort zurück, muss er noch gehen. Drückt sich die Delle langsam wieder heraus, ist er ausreichend gegangen. Bleibt die Delle bestehen oder fällt der Teig in sich zusammen, ist er übergangen.

Der gegangene Teig wird abgeschlagen, indem man mit der Faust hineinstößt. Dann gibt man ihn auf die bemehlte Arbeitsfläche und formt ihn in der gewünschten Weise.

Der fertig geformte Teig muss erneut gehen (auf dem Blech oder in einer Form), wobei besonders darauf zu achten ist, dass er nicht übergeht. Ist das der Fall, muss man ihn erneut abschlagen, durchkneten, formen und nochmals gehen lassen.

Das Backen

Den geformten, zum Backen fertig aufgegangenen Laib einzuschneiden hat nicht nur einen dekorativen, sondern auch einen funktionalen Zweck. Das Brot kann so beim Backen leichter aufgehen, ohne dass es seitlich, oben oder am Boden unschöne Risse bekommt. Zum Einschneiden sollte man ein extrem scharfes Messer verwenden, damit der Teig nicht an der Klinge kleben bleibt, am besten eine Rasierklinge oder eine scharfe Küchenschere, mit der man auch besonders dekorative Zipfel schneiden kann.

Beim eigentlichen Backen spielt Feuchtigkeit eine wichtige Rolle, weshalb man, während der Backofen vorheizt, eine Schale mit Eiswürfeln auf einen Rost in Höhe der untersten Einschubleiste stellt. Das Brot wird in den Ofen

geschoben, ehe die Würfel ganz geschmolzen sind. Etwa 20 Minuten nach Backbeginn entfernt man die Schale rasch aus dem Ofen und backt das Brot zu Ende.

Das geformte und erneut gegangene Brot jedoch erst dann in den Ofen geben, wenn die im Rezept angegebene Temperatur erreicht ist. Durch die Hitze wird die Feuchtigkeit im Teig in Dampf verwandelt, der das Brot aufgehen lässt. Nach etwa 20 Minuten ist der Teig so durchgeheizt, dass die Hefepilze abgestorben sind. Jetzt bildet sich die Kruste. Dabei karamellisiert der Zucker im Teig, wodurch die Kruste braun, schmackhaft und knusprig wird.

Die „Klangprobe" verrät, ob das Brot durchgebacken ist. Es ist gar, wenn es beim Klopfen mit dem Knöchel des Zeigefingers gegen den Boden des Brotes hohl klingt.

Die Aufbewahrung von Brot

Frisches, ofenwarmes helles Brot ist ein Genuss und sollte bald verzehrt werden. Nur große, schwere Laibe aus dunklem Mehl kann man ohne Qualitätsverlust bis zu einer Woche aufbewahren. Man legt das völlig ausgekühlte Brot in einen trockenen Leinenbeutel oder einen Brotkasten. Der Kühlschrank ist kein guter Aufbewahrungsort, dort trocknet das Brot vorzeitig aus. Allerdings kann man es, in Alufolie gewickelt, am Stück einfrieren. Auch den gegangenen Teig kann man einfrieren (besonders für backfertige Brötchen günstig). 12 Stunden vor dem Backen aus der Tiefkühltruhe nehmen, im Kühlschrank auftauen, backen und frisch verzehren.

Auszugsmehl

Für die Ciabatta – der Name dieses italienischen Brotes bedeutet übrigens so viel wie „Pantoffel" oder „alter Schlappen" – wird ein sehr feuchter Teig gebraucht, für den man ein Weizenauszugsmehl (Type 405) oder, besser noch, ein Weizenmehl Type 550 verwenden sollte.

Ciabatta

Für 2 Brote

3 g frische Hefe
250 ml handwarmes Wasser
350 g Weizenmehl
1½ TL Salz

Für den Vorteig

5 g frische Hefe
150 ml handwarmes Wasser
3 EL Milch
¼ TL Zucker
150 g Weizenmehl

Zubereitungszeit *40 Minuten*
Backzeit *30 Minuten*
Schwierigkeitsgrad *mittel*

Für den Vorteig die Hefe in eine große Schüssel bröckeln, Wasser, Milch und Zucker dazugeben, verrühren und 5 Minuten ruhen lassen. Das Mehl einrühren. Die Schüssel mit einem Tuch zudecken und den Vorteig 12 Stunden gären lassen.

Für den Teig die Hefe in eine Schüssel bröckeln, mit 100 ml des Wassers auflösen und 5 Minuten ruhen lassen. Zusammen mit dem Mehl und dem Salz zum Vorteig geben. Unter Einrühren des restlichen Wassers einen sehr weichen Teig bereiten und mit einem Holzlöffel 5 Minuten schlagen, bis er elastisch wird und sich von der Schüsselwand löst. Teig mit einem Tuch bedeckt 3 Stunden gehen lassen, bis er sein Volumen verdreifacht hat.

Ein Backblech dick mit Mehl bestäuben. Den gegangenen Teig nicht abschlagen, sondern vorsichtig mit dem Teigschaber halbieren und eine Portion auf die obere Hälfte des Bleches setzen. Den Teig mit gut bemehlten Händen durch Anheben, leichtes Ziehen und seitliches Unterschieben auf dem Blech in eine schmale, längliche Form bringen (etwa 25 cm). Mit der zweiten Teighälfte ebenso verfahren. Die Laibe unbedeckt 20 Minuten gehen lassen; den Backofen auf 220 °C vorheizen. Die Laibe 30 Minuten backen.

Sojabohnen

Die gesunde, vielseitig verwendbare Sojabohne ist eine Hülsenfrucht. Ihre Sprossen sind reich an Eiweiß, Vitaminen, mehrfach ungesättigten Fettsäuren und Kalzium. Das hier verwendete Mehl der Sojabohne bekommt man in Bioläden.

Sojabrötchen

Die Hefe in eine kleine Schüssel bröckeln, mit einem Viertel des Wassers verrühren und 5 Minuten ruhen lassen. Die Mehle in eine große Schüssel sieben, das Salz dazugeben, vermischen und eine Mulde hineindrücken.

Die aufgelöste Hefe, das Öl und den Sauerteig in die Mulde geben. Mit einem Holzlöffel Mehl vom Rand in die Hefemischung rühren, bis ein schwerer, steifer Teig entsteht, dabei esslöffelweise das restliche Wasser nach Bedarf einarbeiten. Wenn der Teig glatt ist, die Schüssel bedecken und den Teig 15 Minuten ruhen lassen.

Aus dem Teig 8 Brötchen formen, auf ein Blech setzen und jeweils zweimal schräg einschneiden, dann 20–30 Minuten gehen lassen. Den Backofen auf 200–220 °C vorheizen.

Die Oberfläche der Brötchen mit Wasser einpinseln (die Kruste wird dann knuspriger) und die Brötchen 30–35 Minuten backen. Leicht abgekühlt, aber frisch servieren.

Für 8 Brötchen

20 g frische Hefe
350–450 ml Wasser
600 g Weizenmehl
200 g Sojamehl
20 g Salz
2 EL natives Olivenöl extra
200 g Sauerteig (siehe Seite 15)

Zubereitungszeit *40 Minuten*
Backzeit *35 Minuten*
Schwierigkeitsgrad *mittel*

Kartoffelbrot

Für 2 Brote

40 g frische Hefe
150 ml handwarme Milch
10 g Zucker
400 g Weizenmehl (Type 550)
200 g Weizenvollkornmehl
10 g Salz
150 g roh geriebene Kartoffel
100 ml Wasser

Zubereitungszeit *20 Minuten*
Backzeit *45 Minuten*
Schwierigkeitsgrad *einfach*

Die Hefe in eine kleine Schüssel bröckeln, mit Milch und Zucker verrühren und 5 Minuten ruhen lassen. Die Mehle in eine große Schüssel sieben, mit dem Salz vermischen und eine Mulde hineindrücken.

Die aufgelöste Hefe und die roh geriebene Kartoffel in die Mulde geben. Mit einem Holzlöffel Mehl vom Rand in die Hefemischung rühren, dabei esslöffelweise das Wasser einarbeiten, bis der Teig knetfähig wird. Den Teig gründlich durchkneten und mit einem Küchentuch bedeckt 20 Minuten gehen lassen.

Den Teig abschlagen, teilen, zu zwei rundlichen Laiben formen, auf Bleche setzen und gehen lassen, bis sie ihr Volumen verdoppelt haben. Den Backofen auf 200 °C vorheizen.

Die gegangenen Laibe mit einem scharfen Messer oben kreuzweise einschneiden und etwa 45 Minuten backen.

Abbildung rechts

Kastenmischbrot

Für 2 Brote

50 g frische Hefe
250 ml handwarme Milch
10 g Zucker
150 g Weizenmehl, je 50 g Roggen-, Weizenvollkorn-, Gersten-, Dinkel- und Maismehl
50 g Weizenschrot, 20 g Kümmelsamen
15 g Salz, 130 ml Wasser, Öl für die Formen
1 Ei, Sesamsamen, grobe Haferflocken

Zubereitungszeit *40 Minuten*
Backzeit *50 Minuten*
Schwierigkeitsgrad *einfach*

Die Hefe in eine kleine Schüssel bröckeln, mit Milch und Zucker verrühren und 5 Minuten ruhen lassen. Die Mehle in eine große Schüssel sieben, mit Schrot, Kümmel und Salz vermischen und eine Mulde hineindrücken.

Die aufgelöste Hefe in die Mulde geben. Mit einem Holzlöffel Mehl vom Rand in die Hefemischung rühren, bis ein schwerer, steifer Teig entsteht, dabei esslöffelweise das Wasser einarbeiten, bis der Teig knetfähig ist. Gründlich durchkneten und 20 Minuten gehen lassen.

Den abgeschlagenen Teig in zwei Teile teilen, durchkneten, in die mit Öl ausgepinselten Kastenformen legen und erneut gehen lassen. Den Backofen auf 210 °C vorheizen.

Das Ei mit einer Gabel verquirlen, die Oberflächen der gegangenen Brote damit einpinseln, mit Sesam und Haferflocken bestreuen und 45–50 Minuten backen.

Nussbrot

Die Hefe in eine kleine Schüssel bröckeln, mit einem Viertel des Wassers verrühren und 5 Minuten ruhen lassen. Die Mehle in eine große Schüssel sieben, mit Salz, Walnüssen und Mandeln vermischen und eine Mulde hineindrücken.

Die aufgelöste Hefe, den Honig und das Olivenöl in die Mulde geben. Mit einem Holzlöffel Mehl vom Rand in die Hefemischung rühren, dabei portionsweise das restliche Wasser einarbeiten, bis der Teig knetfähig ist. Den Teig sehr gründlich durchkneten, dann mit einem Küchentuch bedeckt gehen lassen, bis er sein Volumen verdoppelt hat (etwa 1 Stunde).

Den Teig abschlagen, vierteln und zu 4 länglichen Laiben formen. Die Laibe mit genügend Abstand auf zwei Bleche setzen und zugedeckt gehen lassen, bis sie ihr Volumen erneut verdoppelt haben. Den Backofen auf 190 °C vorheizen.

Die gegangenen Laibe etwa 30 Minuten backen. Mit einem Laib die Garprobe machen: Den Laib aus dem Ofen nehmen und mit dem Zeigefingerknöchel gegen die Unterseite des Brotes klopfen. Klingt es hohl, ist es gar, ansonsten noch weitere 5 Minuten backen.

Für 4 Brote

25 g frische Hefe
500 ml handwarmes Wasser
1 kg Weizenmehl Type 405
20 g Salz
250 g Walnüsse, grob gehackt
50 g Mandeln, grob gehackt
6 EL Honig
4 EL natives Olivenöl extra

Zubereitungszeit *30 Minuten*
Backzeit *35 Minuten*
Schwierigkeitsgrad *einfach*

Wissenswert

„Pan e nus, mangià da spus" („Brot und Nüsse, Speise der frisch Verheirateten") – so lautet ein altes, in vielen italienischen Dialekten bekanntes Sprichwort, das aber bereits die alten Römer, ja selbst die Griechen kannten. Bis heute ist es üblich, Nüsse, vor allem Walnüsse, auf italienischen Hochzeitstafeln zu verteilen, denn sie gelten als Glücksbringer, obwohl niemand so recht weiß, warum.

Zitronenbrötchen

Für etwa 30 Brötchen

3 unbehandelte Zitronen
30 g frische Hefe
500 ml handwarmes Wasser
1 kg Weizenmehl Type 405
25 g Salz
3 EL Honig
5 EL natives Olivenöl extra

Für den Vorteig
5 g frische Hefe
100 ml handwarmes Wasser
200 g Weizenmehl Type 405

Zubereitungszeit *40 Minuten*
Backzeit *35 Minuten*
Schwierigkeitsgrad *einfach*

Aus Hefe, Wasser und Weizenmehl einen Vorteig ansetzen (siehe Seite 16) und mindestens 12, höchstens 24 Stunden fermentieren lassen.

Die Zitronen gründlich heiß waschen, trocknen und die Schale mit dem Zestenreißer dünn abschälen. Die Zesten auf Küchenpapier trocknen lassen, während der Vorteig gärt. Aus einer Zitrone 3 EL Saft auspressen und beiseitestellen.

Für den Teig die frische Hefe in eine Schüssel bröckeln, mit einem Viertel des Wassers auflösen und 5 Minuten ruhen lassen. Das Mehl in eine Schüssel sieben, Salz und Zesten untermischen und eine Mulde hineindrücken.

Den Vorteig, die aufgelöste Hefe, den Honig, das Olivenöl und den Zitronensaft in die Mulde geben. Mit einem Holzlöffel Mehl vom Rand in die Hefemischung rühren, dabei portionsweise das restliche Wasser einarbeiten, bis der Teig knetfähig ist. Den Teig gut durchkneten, dann mit einem Küchentuch bedeckt gehen lassen, bis er sein Volumen verdoppelt hat.

Den Teig abschlagen und zu Brötchen von je etwa 50 g Gewicht formen. Die Brötchen auf Bleche setzen und zugedeckt nochmals etwa 30 Minuten gehen lassen, bis sie ihr Volumen erneut verdoppelt haben. Den Backofen auf 200 °C vorheizen.

Die gegangenen Brötchen mit einer Rasierklinge oben schräg einschneiden und etwa 35 Minuten backen.

Guter Rat

Die Zitronenbrötchen passen gut als Beilage zu Fischgerichten mit Soße oder zu Fischsuppen. Statt vieler kleiner Brötchen kann man aus dem Teig auch 4 längliche Laibe formen und sie zu Broten backen; die Backzeit verlängert sich dann um 10–15 Minuten. Auch wenn man als „unbehandelt" deklarierte Zitronen verwendet, diese unbedingt waschen, denn auch sie werden mit Chemikalien gespritzt.

Abbildung links

Weizenvollkornbrot

Für 4 Brote

60 g frische Hefe
300 ml handwarmes Wasser
300 g Weizenmehl
800 g Weizenvollkornmehl
20 g Salz
500 ml handwarmes Wasser

Zubereitungszeit *40 Minuten*
Backzeit *45 Minuten*
Schwierigkeitsgrad *einfach*

Für den Vorteig die Hefe in einer Schüssel in dem Wasser auflösen und mit dem Weizenmehl verrühren. Mit einem Tuch zugedeckt bei Zimmertemperatur 12 Stunden gären lassen.

Das Weizenvollkornmehl in eine Schüssel sieben, mit dem Salz vermischen, eine Mulde hineindrücken und den Vorteig hineingeben. Die Zutaten vermengen und dabei das Wasser portionsweise einarbeiten, bis ein weicher Teig entsteht, der etwa 40 Minuten gehen muss, bis er sein Volumen verdoppelt hat.

Den Teig auf bemehlter Arbeitsfläche durchkneten, zu vier Kugeln formen, nicht zu eng nebeneinander auf ein geöltes Blech setzen und erneut etwa 50 Minuten gehen lassen. Den Backofen auf 200 °C vorheizen. Die Brote etwa 45 Minuten backen.

Schmalzbrot

Für 4 Brote

25 g frische Hefe, 120 ml handwarmes Wasser
400 g Weizenmehl, 30 g frische Hefe, 450 ml Wasser
1 kg Weizenmehl, 25 g Salz, 6 EL natives Olivenöl extra
60 g Schweineschmalz

Zubereitungszeit *40 Minuten*
Backzeit *45 Minuten*
Schwierigkeitsgrad *einfach*

Für den Vorteig die Hefe in einer Schüssel in dem Wasser auflösen und mit dem Weizenmehl verrühren. Mit einem Tuch zugedeckt bei Zimmertemperatur 12 Stunden gären lassen.

Für den Teig die frische Hefe in eine Schüssel bröckeln, mit einem Viertel des Wassers auflösen und 5 Minuten ruhen lassen. Das Mehl in eine Schüssel sieben, das Salz untermischen und eine Mulde hineindrücken.

Den Vorteig, die aufgelöste Hefe, das Olivenöl und das Schmalz in die Mulde geben. Mit einem Holzlöffel Mehl vom Rand in die Hefemischung rühren, dabei portionsweise das restliche Wasser einarbeiten, bis der Teig knetfähig ist. Den Teig gut durchkneten, dann mit einem Küchentuch bedeckt gehen lassen, bis er sein Volumen verdoppelt hat.

Den Teig abschlagen, zu vier Laiben formen und gehen lassen, bis sie ihr Volumen verdoppelt haben. Den Backofen auf 200 °C vorheizen. Die Laibe etwa 45 Minuten backen.

Gefüllter Brotkranz

Für 8 Personen

200 g Kartoffeln
20 g frische Hefe
150 ml handwarme Milch
500 g Weizenmehl Type 550
130 g Butter, in Flöckchen
2 Eier
15 g Salz
schwarzer Pfeffer

Für die Füllung

100 g frisch geriebener Parmesan
100 g Salami, gewürfelt
150 g gekochter Schinken, gewürfelt
100 g Greyerzer, gewürfelt

Zubereitungszeit *40 Minuten*
Garzeit *65 Minuten*
Schwierigkeitsgrad *mittel*

Die Kartoffeln kochen, schälen, durch die Presse drücken und beiseitestellen. Die Hefe in eine Schüssel bröckeln und mit der Milch auflösen. Das Mehl in eine Schüssel sieben, eine Mulde hineindrücken und die aufgelöste Hefe sowie alle anderen Teigzutaten (von der Butter nur 80 g) und die Kartoffeln dazugeben. Alles sehr gründlich zu einem kompakten Teig verkneten. Mit einem Tuch zugedeckt 90 Minuten gehen lassen, bis er sein Volumen verdoppelt hat.

Den Teig auf einer bemehlten Arbeitsfläche zu einem 50 mal 35 cm großen Rechteck ausrollen. Die restliche Butter schmelzen und die Teigplatte damit einpinseln. Den Parmesan darüberstreuen, anschließend die Käse-, Salami- und Schinkenwürfel darauf verteilen.

Die Teigplatte von der Längsseite her aufrollen. Die Rolle in eine große antihaftbeschichtete Kranzform legen und die aneinanderstoßenden Enden schließen. Zugedeckt erneut gehen lassen, bis der Teig sein Volumen verdoppelt hat. Den Backofen auf 200 °C vorheizen.

Die Oberfläche des Kranzes mit Zickzack-Schnitten einschneiden; den Kranz 40–45 Minuten backen und frisch, möglichst noch lauwarm verzehren.

Kürbis

Die Zeit der frischen Speisekürbisse ist der Herbst. Für welche der zahlreichen Sorten man sich für dieses Rezept entscheidet, ist eine Frage des persönlichen Geschmacks. Die großen Kürbisse haben ein weniger aromareiches Fruchtfleisch als die kleineren, wie etwa der orangerote Hokkaido.

Kürbisbrot

Das Kürbisfleisch in einem Topf knapp mit Wasser bedeckt in 20 Minuten weich kochen. Das Kochwasser abgießen und aufbewahren, das Kürbisfleisch pürieren.

Die Hefe in eine Schüssel bröckeln, mit 60 ml des handwarm abgekühlten Kochwassers auflösen und 5 Minuten ruhen lassen.

Mehl und Salz zusammen in eine große Schüssel sieben und eine Mulde hineindrücken. Die aufgelöste Hefe, das Kürbispüree und den Honig hinzufügen. Mehl vom Rand her einrühren, bis ein klebriger Teig entsteht. Dabei nach Bedarf mehr von dem Kochwasser zugeben.

Den Teig kräftig durchkneten, dann zugedeckt gehen lassen, bis er sein Volumen verdoppelt hat (etwa 90 Minuten). Den Teig abschlagen, erneut durchkneten und zu 8–10 Keilen und einer kleinen Kugel formen, die man auf einem Backblech locker zu einer Kürbisform zusammensetzt.

Erneut etwa 1 Stunde gehen lassen, bis sich das Volumen verdoppelt hat. Den Ofen auf 200 °C vorheizen und das Kürbisbrot etwa 40 Minuten backen.

Für 4 Personen

500 g geschältes, gewürfeltes Kürbisfleisch
15 g frische Hefe
500 g Weizenmehl Type 550
2 TL Salz
2 TL Honig

Zubereitungszeit *30 Minuten*
Garzeit *1 Stunde*
Schwierigkeitsgrad *einfach*

Kamutbrot

Für 3 Kastenbrote

500 g Kamutmehl
100 g Weizenmehl
10 g Salz
15 g frische Hefe
1 TL Zucker
350 ml handwarmes Wasser
2 EL natives Olivenöl extra

Zubereitungszeit *50 Minuten*
Backzeit *25 Minuten*
Schwierigkeitsgrad *mittel*

Die Mehle in eine Schüssel sieben, mit dem Salz vermischen und eine Mulde hineindrücken. Die Hefe in die Mulde bröckeln, den Zucker darüberstreuen und 100 ml des Wassers dazugeben. Mit den Fingern zu einem Hefeansatz verrühren, mit ein wenig Mehl vom Rand bedecken und 20 Minuten bei Zimmertemperatur gären lassen.

Das Olivenöl in den Hefeansatz geben und das Mehl vom Rand her einarbeiten, dabei esslöffelweise das restliche Wasser dazugeben. Etwa 10 Minuten gründlich durchkneten, zu einer Kugel formen und zugedeckt gehen lassen, bis sich das Teigvolumen verdoppelt hat (etwa 2 Stunden).

Den Teig abschlagen, dritteln und auf drei mit Backpapier ausgelegte Kastenformen verteilen. Erneut 30 Minuten gehen lassen. Den Backofen auf 180 °C vorheizen; die Brote etwa 30 Minuten backen, aus der Form nehmen und auf einem Drahtrost auskühlen lassen.

Abbildung rechts

Brioche mit Sonnenblumenblüten

Für 1 Kastenbrot

20 g frische Hefe
50 ml handwarme Milch
4 kleine Sonnenblumenblüten
300 g Weizenmehl
3 EL Zucker, ½ TL Salz
2 Eier, 150 g weiche Butter
1 Eigelb

Zubereitungszeit *30 Minuten*
Backzeit *35 Minuten*
Schwierigkeitsgrad *einfach*

Die zerbröckelte Hefe in einer Schüssel mit der Milch auflösen und 5 Minuten ruhen lassen. Die Sonnenblumenblüten klein schneiden.

Das Mehl in eine Schüssel sieben, mit Zucker und Salz vermischen und eine Mulde hineindrücken. Die gelöste Hefe, die Eier, die Butter (in Flöckchen) und die Sonnenblumen in die Mulde geben und alles zu einem knetfähigen Teig verrühren.

Den Teig 10 Minuten kneten, bis er weich und elastisch ist, zu einer Kugel formen und gehen lassen, bis er sein Volumen verdoppelt hat. Erneut durchkneten, in eine gebutterte Kastenform legen, nochmals gehen lassen, bis er sein Volumen verdoppelt hat. Den Backofen auf 180 °C vorheizen.

Das Eigelb mit 1 EL Wasser verrühren, die Oberfläche der gegangenen Brioche damit bestreichen; etwa 35 Minuten backen. Die Scheiben nach Geschmack leicht getoastet servieren.

Schiacciata mit Zwiebeln

Für den Vorteig die zerbröckelte Hefe in einer Schüssel mit dem Wasser auflösen, das Mehl einrühren und den Teig zugedeckt 24–36 Stunden gären lassen.

Für den Teig die zerbröckelte Hefe mit 100 ml des Wassers auflösen und 5 Minuten ruhen lassen. Mehl und Salz in einer Schüssel vermischen und eine Mulde hineindrücken. Den Vorteig, die aufgelöste Hefe und das Olivenöl hineingeben. Das Mehl vom Rand her einrühren und so viel Wasser zugeben, wie nötig ist, dass ein klebriger, weicher Teig entsteht.

Den Teig auf bemehlter Arbeitsfläche 10 Minuten durchkneten, in einer Schüssel mit einem Tuch zugedeckt 1,5–2 Stunden gehen lassen, bis er sein Volumen verdoppelt hat.

Den Teig abschlagen und auf einem geölten Backblech zu einem dünnen Rechteck ausrollen. Mit einem Tuch bedeckt erneut 30 Minuten gehen lassen.

Den Backofen auf 200 °C vorheizen. Die Zwiebeln schälen und in feine Ringe schneiden. Wenn der Teig sein Volumen verdoppelt hat, die Zwiebelringe darauf verteilen, mit dem Öl beträufeln und dem Salz bestreuen. 30 Minuten backen. In handliche Rechtecke schneiden und heiß oder lauwarm verzehren.

Für 4 Personen

12 g frische Hefe
175 ml handwarmes Wasser
375 g Weizenmehl Type 550
1½ TL Salz
3 EL natives Olivenöl extra

Für den Vorteig
3 g frische Hefe
150 ml handwarmes Wasser
125 g Weizenmehl

Für den Belag
3 weiße Zwiebeln, in Ringe geschnitten
3–4 EL natives Olivenöl extra
grobes Salz

Zubereitungszeit *30 Minuten*
Backzeit *30 Minuten*
Schwierigkeitsgrad *mittel*

Variante

Für eine reichhaltigere Variante kann man außerdem noch 200 g geriebenen Greyerzer und frischen Thymian über die Zwiebeln streuen. Einen etwas intensiveren Zwiebelgeschmack und einen farblich interessanten Effekt erzielt man, wenn man die weißen durch rote Zwiebeln ersetzt.

Meranische Focaccia mit Fenchel

Für 6 Personen

25 g frische Hefe, handwarmes Wasser
300 g Hartweizengrieß, 200 g Weizenmehl
1 EL Fenchelsamen, 1 TL Salz

Zubereitungszeit *40 Minuten*
Backzeit *30 Minuten*
Schwierigkeitsgrad *einfach*

Die Hefe in eine Schüssel bröckeln, mit 150 ml Wasser auflösen und 5 Minuten ruhen lassen.

Grieß und Mehl mit Fenchelsamen und Salz in einer großen Schüssel vermischen und eine Mulde hineindrücken. Die aufgelöste Hefe in die Mulde geben und unter portionsweisem Hinzufügen von weiterem Wasser einen glatten, leicht klebrigen Teig bereiten, der 10 Minuten durchgeknetet wird.

Teig zu einer Kugel formen und zugedeckt 2 Stunden gehen lassen, bis er sein Volumen verdoppelt hat. Die Kugel in 6 Teile teilen und mit den Händen zu dünnen Kreisen formen.

Die Kreise auf geölte Bleche legen und mit einer Gabel mehrfach einstechen. Im auf 200 °C vorgeheizten Ofen 30 Minuten backen und abgekühlt verzehren.

Abbildung rechts

Focaccia mit Artischocken

Für 6 Personen

15 g frische Hefe, 300 ml handwarmes Wasser
500 g Weizenmehl, 10 g Salz, 3 EL natives Olivenöl extra
6 junge Artischocken, Saft einer Zitrone, 1 Bund Petersilie
2 Knoblauchzehen, 3 EL natives Olivenöl extra, grobes Salz

Zubereitungszeit *30 Minuten*
Garzeit *25 Minuten*
Schwierigkeitsgrad *mittel*

Die zerbröckelte Hefe in einer Schüssel mit einem Teil des Wassers auflösen. Mehl und Salz in eine Schüssel sieben, eine Mulde hineindrücken, die Hefe und das Öl hineingeben. Das Mehl vom Rand her einrühren, dabei esslöffelweise das restliche Wasser zugeben, bis ein knetfähiger Teig entsteht. Den Teig 10 Minuten durchkneten, dann zugedeckt etwa 2 Stunden gehen lassen, bis er sein Volumen verdoppelt hat.

Die Artischocken putzen (die harten Außenblätter und Spitzen entfernen), vierteln und das Heu ausschneiden. Danach in Wasser legen, in das man den Zitronensaft gegeben hat. Die Petersilie fein hacken, den Knoblauch schälen.

Das Olivenöl in einem Topf erhitzen, Knoblauch und Artischocken hineingeben und zugedeckt 10 Minuten dünsten. Anschließend die Petersilie hinzufügen.

Den Teig abschlagen, durchkneten und direkt auf einem geölten Backblech zu einem 2 cm hohen Rechteck ausrollen. Die Artischocken darauf verteilen und mit etwas grobem Salz bestreuen. Die Focaccia bei 200 °C etwa 15 Minuten backen.

Crescenza

Der Crescenza ist ein italienischer Weichkäse, der in zwei Varianten auf den Markt kommt. Am weitesten verbreitet ist die sehr kurz gereifte, cremigere und mildere Sorte; im Winter ist auch der kompaktere und geschmacklich intensivere Crescenza im Angebot. Man kann ihn roh als Brotbelag verzehren oder ihn, wie hier, zum Überbacken verwenden.

Focaccia mit Crescenza

Mehl, Grieß und Salz in einer Schüssel vermischen. 3 EL des Öls sowie das Wasser zugeben und alles zu einem glatten Teig verarbeiten. Den Teig zugedeckt 1 Stunde bei Zimmertemperatur ruhen lassen.

Den Backofen auf 250 °C vorheizen. Die Hälfte des Teigs direkt auf einem mit Öl eingepinselten Blech 2 mm dünn ausrollen. Den Crescenza in nussgroßen Bällchen darauf verteilen und etwas ausstreichen. Den restlichen Teig auf bemehlter Arbeitsfläche ebenfalls dünn ausrollen und den Käse damit bedecken. Die beiden Teigplatten an den Rändern zusammendrücken, damit der Käse nicht ausläuft.

Mit dem Zeigefinger Dellen in die Oberfläche drücken, anschließend die Focaccia mit dem restlichen Öl bestreichen, mit Salz bestreuen und sofort 5–7 Minuten backen, bis sie zart gebräunt ist.

Für 8 Personen

400 g Weizenmehl
200 g Hartweizengrieß
1 TL Salz
6 EL natives Olivenöl extra
100 ml Wasser
500 g Crescenza
Salz

Zubereitungszeit *15 Minuten*
Backzeit *7 Minuten*
Schwierigkeitsgrad *einfach*

Bologneser Fladen

Für 8 Fladen

25 g frische Hefe
500 ml handwarmes Wasser
1 kg Weizenmehl Type 550
15 g Salz
3 EL natives Olivenöl extra
30 g Butter, in Flöckchen
150 g Bauchspeck, klein gewürfelt
150 g roher Schinken, klein gewürfelt

Für den Vorteig
10 g frische Hefe
175 ml handwarmes Wasser
200 g Weizenmehl

Zubereitungszeit *40 Minuten*
Backzeit *45 Minuten*
Schwierigkeitsgrad *einfach*

Für den Vorteig die Hefe mit dem Wasser auflösen, das Mehl einrühren und den Teig mit einem Küchentuch zugedeckt 12–24 Stunden gären lassen.

Für den Teig die zerbröckelte Hefe mit 200 ml des Wassers auflösen und 5 Minuten ruhen lassen. Das Mehl in eine Schüssel sieben, mit dem Salz vermischen und eine Mulde hineindrücken. Vorteig, aufgelöste Hefe, Olivenöl und Butter in die Mulde geben. Unter langsamem Hinzufügen des restlichen Wassers zu einem Teig kneten. Diesen zugedeckt gehen lassen, bis er sein Volumen verdoppelt hat.

Den Teig abschlagen, Bauchspeck und Schinken einarbeiten und daraus 8 Kugeln formen. Jede Kugel zu einem etwa 2 cm hohen Kreis ausrollen, die Kreise auf geölte Bleche setzen und zugedeckt gehen lassen, bis sie ihr Volumen verdoppelt haben. Den Backofen auf 200 °C vorheizen.

In jeden Fladen mit dem Zeigefinger ein paar Dellen drücken, dann 40–45 Minuten backen, bis sie gut gebräunt sind.

Wissenswert

Der typische Bologneser Fladen (der in Bologna „Crescenta" genannt wird) wird mit Pancetta zubereitet, einem luftgetrockneten durchwachsenen Bauchspeck. Man kann stattdessen aber auch grünen oder geräucherten Speck beziehungsweise gemischte Speck- und Wurstreste verwenden. Denn der Ursprung des Fladens, welcher der traditionellen bäuerlichen Küche entstammt, ist der Gedanke der Resteverwertung.

Geschenkideen

Was könnte mehr Freude bereiten als etwas „Selbstgemachtes“, in das der Schenkende Zeit investiert und das er mit großer Sorgfalt – und vielleicht sogar speziell für den Beschenkten – zubereitet hat. Abgerundet wird ein solches Geschenk natürlich durch die ebenfalls selbst gemachte, kreative Verpackung. Hier ein paar Vorschläge:

Zylinder aus Tonpapier

Eine ganz einfache Methode, um eine effektvolle Hülle zu gestalten: Man schneidet aus einem Stück Tonpapier in beliebiger Farbe ein Rechteck, dessen Höhe der des Glases entspricht, die Länge ergibt sich aus dem Glasumfang plus einer kleinen Zugabe zum Zukleben. Dann beschriftet man einen Streifen Papier (entweder per Computer oder mit der Hand), auf dem steht, was das Glas enthält/für wen es bestimmt ist, und klebt ihn auf das Tonpapier. Dieses dekoriert man zudem mit ebenfalls aus Tonpapier ausgeschnittenen oder vorgefertigten Früchten aus dem Bastelgeschäft, legt es um das Glas und klebt es zusammen.

Verpackung im japanischen Stil

Für diese originelle Art der Verpackung werden zwei ausreichend große Quadrate aus weichem Papier benötigt; gut geeignet sind große Papierservietten oder Quadrate aus Krepppapier. Man stellt das Glas in die Mitte des ersten Quadrats, rafft das Papier rundherum zusammen und befestigt es genau unterhalb des Deckels mit einem Gummiband. Anschließend legt man das zweite Quadrat von oben darüber und sichert es ebenfalls unterhalb des Deckelrands mit einem Gummiband. Jetzt die vier Ecken des Papiers hochnehmen und beliebig drapieren.

Zylinder aus Wellpappe
Etwas aufwendiger sind Zylinder aus Wellpappe, doch auch sie erfordern kein wirklich großes Bastlergeschick. Zunächst benötigt man ein Rechteck aus dünner Wellpappe, dessen Höhe wiederum der des Glases entspricht, die Länge ergibt sich aus dem Glasumfang plus einer kleinen Zugabe zum Zukleben. Außerdem braucht man farbiges Rips- oder Geschenkband, einen farblich passenden Knopf und etwas Tonpapier. Nachdem man die Wellpappe um das Glas gelegt und zugeklebt hat, klebt man oben und unten einen Steifen Ripsband darum. Den Knopf klebt man neben die Klebekante der Wellpappe, zwei Wellpappestreifchen imitieren die Knopfschlaufe. Aus Tonpapier gebastelte Früchte geben einen Hinweis auf den Inhalt des Glases.

Bestickte Säckchen

Das Schwierigste an diesen Jutesäckchen ist die Herstellung der Etiketten, denn sie sind von Hand bestickt. Für die Säcke näht man ein hinreichend großes Stück Jute oder grobes Leinen zu einem Sack zusammen. Für das Etikett braucht man entweder einen kleinen gesäumten Stoffrest, den man im Stilstich beschriftet, oder ein kleines Stückchen weichen Stramin, wenn man die Beschriftung im Kreuzstich ausführen will. Wer nicht sticken kann oder wem das doch etwas zu viel Aufwand ist, kann das Etikett auch mit einem Stoffmalstift beschriften.

Orangenmarmelade

Für 3–4 Gläser zu 150 g

1 kg unbehandelte Orangen
200 ml Cognac
Saft einer Zitrone
500 ml Wasser
750 g Zucker
reiner Alkohol für Likör

Vorbereitungszeit *40 Minuten*
Garzeit *1 Stunde*
Schwierigkeitsgrad *mittel*

Die gewaschenen, gut abgetrockneten Orangen mit einem Sparschäler dünn abschälen. Die Schalen mit einem scharfen Messer in feine Streifen schneiden, in eine Schüssel geben und mit dem Cognac übergießen.

Die weiße Haut von den Orangen abziehen. Die Orangen direkt über dem Topf, in dem man die Marmelade bereiten möchte, filetieren. Den Zitronensaft, das Wasser und die Orangenschalen mit dem Cognac hinzufügen. Alles gut durchrühren.

Den Topf auf den Herd setzen und die Masse bei starker Hitze rasch zum Kochen bringen. Die Hitze reduzieren und die Masse 30 Minuten einkochen lassen, dann den Zucker zugeben, weitere 30 Minuten kochen und dabei häufig umrühren.

Die Marmelade ein wenig abkühlen lassen, dann in sterilisierte, trockene, gut schließende Gläser füllen. Ein genau passend geschnittenes, durch reinen Alkohol gezogenes Blatt Pergamentpapier direkt auf die Marmelade legen und die Gläser luftdicht verschließen.

Guter Rat

Selbstverständlich kann man die Marmelade auch ohne Alkohol zubereiten. Man übergießt dann die Schalenstreifen zunächst mit 200 ml kochendem Wasser und das Pergamentpapier zieht man durch reines Keimöl. Die typische bittere Orangenmarmelade, wie man sie aus England kennt, erhält man, wenn man die ursprünglich aus Spanien stammenden und in England Seville Oranges genannten Pomeranzen verwendet.

Aprikosen

Die in Österreich Marillen genannten Aprikosen sind frisch von Mitte Juli bis Ende August im Angebot der Märkte, wobei es sich sehr häufig um Importe aus Griechenland, Marokko, Spanien und Italien handelt. Man verwendet möglichst reife Früchte, die auf leichten Fingerdruck nachgeben.

Aprikosenkonfitüre mit Maraschino

Für 2 Gläser zu 250 g

1,2 kg Aprikosen
300 g Zucker
300 g brauner Zucker
Saft einer Zitrone
2 Likörgläser Maraschino

Vorbereitungszeit *45 Minuten*
Garzeit *2 Stunden*
Schwierigkeitsgrad *einfach*

Die gewaschenen Aprikosen in Stücke schneiden und zusammen mit dem Zucker und dem Zitronensaft in einen großen Topf geben. Gut durchrühren und bei starker Hitze zum Kochen bringen. Dabei ständig rühren, damit nichts ansetzt.

Sobald die Masse kocht, die Hitze reduzieren und 2 Stunden unter häufigem Rühren köcheln lassen, dabei den Schaum, der sich bildet, mit einer Siebkelle abheben. Nach etwa 1 Stunde Kochzeit den Maraschino zugeben.

Die Konfitüre leicht abkühlen lassen, dann in sterilisierte, trockene, gut schließende Gläser füllen. Die Gläser an einem kühlen, dunklen Ort aufbewahren und die Konfitüre vor dem Verzehr mindestens 2 Wochen ruhen lassen.

Süßsaure Kirschen

Für 4 Gläser zu 250 g

1 kg Kirschen
750 ml Weißweinessig
500 g Zucker
3 Gewürznelken
1 Lorbeerblatt
1 Zimtstange

Vorbereitungszeit *15 Minuten*
Garzeit *15 Minuten*
Schwierigkeitsgrad *einfach*

Die Stiele der Kirschen nicht entfernen, sondern mit der Küchenschere auf etwa 1 cm Länge kürzen. Die Kirschen heiß waschen und nicht zu fest in sterilisierte Gläser schichten.

Den Essig mit dem Zucker und den Gewürzen zum Kochen bringen und so weit einkochen, dass ein leichter Sirup entsteht.

Die Gewürze herausfischen, den Sirup etwas abkühlen lassen, aber noch heiß über die Kirschen gießen und die Gläser gut verschließen.

Guter Rat
Nur pralle, frische, unbeschädigte Kirschen verwenden. Die Kirschen kühl und dunkel aufbewahren und innerhalb weniger Wochen verbrauchen. Den Inhalt geöffneter Gläser innerhalb von 2 Tagen verzehren.

Abbildung rechts

Aprikosen in Sirup

Für 5–6 Gläser zu 150 g

800 g Zucker
400 ml Wasser
1,5 l Weißwein
4 Gewürznelken
1 Zimtstange
Schale (am Stück) einer Zitrone
3 kg Aprikosen

Vorbereitungszeit *35 Minuten*
Garzeit *10 Minuten*
Schwierigkeitsgrad *einfach*

Zucker und Wasser in einen großen Topf geben und aufkochen lassen. Topf vom Herd nehmen und den Wein, Nelken, Zimt und Zitronenschale hinzufügen. Abkühlen lassen, dann die Zitronenschale entfernen.

Die Aprikosen waschen, halbieren, entsteinen und in Gläser schichten. Den Sirup darübergießen, die Gläser verschließen und im Wasserbad bei 80 °C 20 Minuten sterilisieren.

Die Aprikosen vor dem Verzehr 3 Monate an einem kühlen, dunklen Ort durchziehen lassen.

Abbildung links

Marmelade von grünen Tomaten

Für 4 Gläser zu 150 g

1 kg grüne Tomaten
Saft einer Zitrone
500 g Zucker

Vorbereitungszeit *20 Minuten*
Garzeit *2 Stunden*
Schwierigkeitsgrad *einfach*

Die Tomaten waschen, abtrocknen und in grobe Stücke schneiden. Die Stücke in eine Schüssel geben, mit dem Zitronensaft übergießen und 3 Stunden ziehen lassen.

Die Tomatenstücke in einem feinen Sieb gut abtropfen lassen, in einen Topf geben und den Zucker hinzufügen. Bei starker Hitze unter Rühren zum Kochen bringen, dann bei milder Hitze 2 Stunden köcheln. In sterilisierte Gläser füllen und gut verschließen.

Wissenswert

Grüne Tomaten sind keine eigene Sorte, sondern normale, aber unreife Tomaten. Der Verzehr roher grüner Tomaten ist nicht empfehlenswert, denn sie sind giftig. Das giftige Alkaloid Solanin wird aber durch das lange Kochen unschädlich gemacht.

Mit Kräutern eingelegter Bonito

Für 4 Gläser zu 250 g

1 kg frisches Bonitofilet
frische Kräuter (Oregano, Zitronenthymian, Estragon)
500 ml weißer Essig
500 ml Wasser
2 Knoblauchzehen
1 Lorbeerblatt
10 schwarze Pfefferkörner
½ TL Salz, natives Olivenöl extra

Vorbereitungszeit *50 Minuten*
Garzeit *30 Minuten*
Schwierigkeitsgrad *mittel*

Die Fischfilets waschen, würfeln und mit je 2–3 Stängeln der Kräuter in eine tiefe Schale geben. Zugedeckt 1 Stunde marinieren lassen.

Essig und Wasser mit dem geschälten Knoblauch, Lorbeerblatt, Pfefferkörnern und Salz einige Minuten aufkochen, dann den Fisch mit den Kräutern hineingeben und 20 Minuten köcheln lassen. Der Fisch muss ganz von Flüssigkeit bedeckt sein, eventuell Essig und Wasser (im Verhältnis 1:1 gemischt) zugeben.

Den Fisch vom Herd nehmen und im Sud abkühlen lassen. Fisch ohne Flüssigkeit in sterilisierte Gläser geben, jeweils 1 frischen Zweig Zitronenthymian hinzufügen und mit Olivenöl bedecken. Luftdicht verschließen; kühl und dunkel aufbewahren und 2 Monate ziehen lassen.

Jasmintee

Jasmintee ist ein zarter chinesischer Grüntee mit blumigem Aroma, der mit Jasminblütenblättern aromatisiert wird. Die Blüten werden am Morgen gebrochen, bis zum Abend gelagert und, wenn sie den größten Duft verströmen, mit dem grünen Tee gemischt. Später werden sie wieder aussortiert.

Erdbeergelee mit Jasmintee

Für 1 Glas zu 250 g
500 g Erdbeeren
625 ml Wasser
20 g Jasmintee
Saft einer halben Zitrone
300 g Zucker

Vorbereitungszeit *45 Minuten*
Garzeit *1 Stunde*
Schwierigkeitsgrad *einfach*

Die gewaschenen, gut abgetropften Erdbeeren zupfen, in Stücke schneiden und mit 500 ml Wasser in einen Topf geben. Zum Kochen bringen, 20 Minuten köcheln lassen, vom Herd nehmen und beiseitestellen.

In der Zwischenzeit den Jasmintee mit 125 ml Wasser (95 °C) aufgießen und 4 Minuten ziehen lassen, dann abgießen und den Zitronensaft dazugeben.

Die Erdbeeren durch ein feines Sieb streichen, den Zucker hinzufügen, wieder auf den Herd stellen und unter Rühren 5 Minuten kochen (den sich bildenden Schaum mit einer Siebkelle abheben). Dann den Jasmintee dazugeben, weitere 5 Minuten kochen lassen; falls nötig abschäumen.

Wenn das Gelee die gewünschte Konsistenz hat, in sterilisierte Gläser füllen und fest verschließen.

Machetto

Für 2 Gläser zu 250 g

500 g kleine Sardinen
grobes Salz
natives Olivenöl extra

Vorbereitungszeit *40 Minuten*
Schwierigkeitsgrad *einfach*

Die Köpfe der Sardinen abdrehen und dabei gleich die Eingeweide mit herausziehen. Dann gründlich waschen und mit Küchenpapier trockentupfen.

Die Sardinen in ein Gefäß mit breitem Rand einschichten, bis alle Fische aufgebraucht sind, dabei jede Schicht mit grobem Salz bedecken. Die Fische mit einem möglichst genau in das Gefäß passenden Deckel (Holzplatte, kleiner Teller) abdecken und beschweren. Die Fische so 1 Monat beizen.

Die Sardinen in einem Sieb abtropfen lassen und im Mörser (oder im Standmixer) pürieren, bis eine cremige Masse entsteht. Die Paste in sterilisierte Gläser füllen, mit Olivenöl bedecken und verschließen.

Wissenswert
Die Machetto genannte salzige Fischpaste ist eine ligurische Spezialität, die man als Würzpaste zu verschiedenen Fischgerichten reicht.

Abbildung links

Pikant eingelegtes Mischgemüse

Für 2 Gläser zu 200 g

500 g Karotten
500 g Staudensellerie (ohne Blätter)
1 große rote Pfefferschote
2 Zwiebeln
1 Stange Porree
400 ml natives Olivenöl extra
Salz und Pfeffer

Vorbereitungszeit *35 Minuten*
Garzeit *10 Minuten*
Schwierigkeitsgrad *einfach*

Das Gemüse gründlich waschen, putzen und/oder schälen. Die Karotten in feine Scheiben, den Staudensellerie, die Pfefferschote und die Zwiebeln in sehr kleine Würfel, den Porree in sehr feine Ringe schneiden.

Die Hälfte des Öls in einem Topf erhitzen und die Pfefferschotenwürfel darin andünsten, dann Zwiebeln und Porree dazugeben und kurz weiterdünsten. Den Staudensellerie und die Karottenscheiben hinzufügen, durchrühren und weitere 2 Minuten dünsten. Nach Geschmack salzen und pfeffern.

Das Gemüse in sterilisierte Gläser füllen, das restliche Öl dazugeben, fest verschließen und im Kühlschrank 2–3 Tage durchziehen lassen oder, falls man die Gemüsemischung länger aufbewahren möchte, auf die übliche Weise im Wasserbad (98–100 °C) 80–90 Minuten sterilisieren.

Süßsaure Soße

Für 6 Gläser zu 150 g

500 g reife Tomaten
500 g rote Paprika
250 g rote Zwiebeln
1 kleine scharfe Pfefferschote
natives Olivenöl extra
100 g Zucker
1 knapper EL Salz
250 ml Balsamessig
1 TL Ingwerpulver
1 TL Zimtpulver
1 Prise Nelkenpulver
¼ TL geriebene Muskatnuss
½ TL Senfpulver

Vorbereitungszeit *30 Minuten*
Garzeit *170 Minuten*
Schwierigkeitsgrad *einfach*

Das Gemüse gründlich waschen. Die Tomaten ungeschält würfeln. Paprikaschoten halbieren, die Kerne und die weißen Innenhäute entfernen, das Fruchtfleisch grob würfeln. Die Zwiebeln schälen und in Ringe schneiden, die Pfefferschote aufschlitzen und die Kerne sowie die weißen Innenhäute entfernen, das Fruchtfleisch fein schneiden.

3 EL Öl in einem Topf erhitzen und die Zwiebelringe darin andünsten, dann das andere Gemüse, Zucker und Salz dazugeben, durchrühren und bei schwacher Hitze und aufgelegtem Deckel 2 Stunden schmoren lassen.

Den Topfinhalt im Mixer sehr fein pürieren. Das Püree in den Topf zurückgeben, den Essig und die Gewürze dazugeben, durchrühren und nochmals 30 Minuten köcheln lassen.

Die heiße Soße in sterilisierte Gläser füllen, luftdicht verschließen und im Wasserbad 20 Minuten sterilisieren.

So schmeckt's am besten

Wenn Sie es lieber mild mögen, lassen Sie die Pfefferschote weg. Darf es hingegen etwas schärfer sein, nehmen Sie mehr Pfefferschoten. Fruchtiger wird die Soße, wenn Sie statt des Ingwerpulvers sehr klein geschnittene frische Ingwerwurzel verwenden. Die Soße passt zu gegrilltem Fleisch und zu einigen Käsesorten. Zudem eignet sie sich zum Bestreichen von Crostini.

Feigenkonfitüre mit Zimt

Für 4 Gläser zu 250 g

2,5 kg frische Feigen
1 unbehandelte Zitrone
1 EL Zimtpulver
200 ml Wasser

Vorbereitungszeit *30 Minuten*
Garzeit *90 Minuten*
Schwierigkeitsgrad *einfach*

Die Feigen waschen, die Haut abziehen. Die Früchte grob zerschneiden und in einen großen Topf geben. Die Schale der Zitrone abreiben und zusammen mit Zimt und Wasser hinzufügen.

Bei mittlerer Hitze 1 Stunde unter gelegentlichem Rühren köcheln lassen, dann den Zucker dazugeben und unter ständigem Rühren weitere 30 Minuten kochen, bis die Konfitüre die gewünschte Konsistenz hat.

Die heiße Konfitüre in sterilisierte Gläser füllen und fest verschließen. Die Gläser auf den Kopf stellen, bis der Inhalt abgekühlt ist. Die Konfitüre an einem dunklen, kühlen Ort aufbewahren.

Abbildung links

Kürbismarmelade mit Kardamom

Für 4 Gläser zu 500 g

1 kg Kürbisfleisch
800 g Zucker
1 unbehandelte Zitrone
250 ml Wasser
Samen aus 6 Kardamomkapseln

Vorbereitungszeit *10 Minuten*
Garzeit *50 Minuten*
Schwierigkeitsgrad *einfach*

Das Kürbisfleisch grob raffeln. Mit Zucker und der abgeriebenen Schale der Zitrone sowie dem Wasser und den Kardamomsamen in einen großen Topf geben.

Bei mittlerer Hitze und unter Rühren kochen, bis sich der Zucker gelöst hat. Dann unter gelegentlichem Rühren weitere 35–40 Minuten kochen.

Die Kürbismarmelade in sterilisierte Gläser füllen. Die Gläser fest verschließen und auf den Kopf gestellt auskühlen lassen.

So schmeckt's am besten
Man kann die Kürbismarmelade als Brotaufstrich genießen, sie passt aber auch wie Chutney zu Gegrilltem und zu reifem Käse.

Pflaumen in Wodka

Für 4 Gläser zu 500 g

2 kg Pflaumen
350 g Zucker
1 l Wodka

Vorbereitungszeit *20 Minuten*
Schwierigkeitsgrad *einfach*

Die Pflaumen gut waschen und mit einem Tuch trocknen.

Zucker und Wodka in ein großes Gefäß geben, rühren, bis sich der Zucker aufgelöst hat.

Jede einzelne Pflaume mit einer Nadel mehrfach einstechen (damit später die Haut nicht platzt), anschließend die Pflaumen in sterilisierte Gläser schichten. Mit dem gesüßten Wodka auffüllen, sodass die Früchte völlig bedeckt sind, dann die Gläser luftdicht verschließen.

Die Pflaumen vor dem Verzehr an einem kühlen, dunklen Ort mindesten 40 Tage durchziehen lassen.

Susinen in Grappa

Für 4 Gläser zu 250 g

3 TL Pfefferminztee
1 kg kleine Susinen (gelbe Pflaumen; ersatzweise Mirabellen)
4 EL Zucker
1 Vanilleschote
1 unbehandelte Zitrone
1 l Grappa

Vorbereitungszeit *45 Minuten*
Schwierigkeitsgrad *einfach*

Den Pfefferminztee mit 500 ml Wasser aufbrühen, 5 Minuten ziehen lassen, dann abgießen und die gewaschenen Susinen 12 Stunden darin marinieren lassen; gelegentlich umrühren.

Die Susinen abgießen, jede einzelne Frucht mit einer Nadel mehrfach einstechen (damit später die Haut nicht platzt) und in ein Porzellan- oder Steingutgefäß mit Deckel (Rumtopf) schichten. Den Zucker, die aufgeschlitzte Vanilleschote und die breit abgeschälte Schale der Zitrone hinzufügen und mit dem Grappa aufgießen, bis die Früchte bedeckt sind.

Das Gefäß locker verschließen und die Früchte mindestens 20 Tage durchziehen lassen.

Pfirsichkonfitüre mit Zitrone

Für 4 Gläser zu 250 g

1 kg gelbe Pfirsiche
700 g Zucker
1 unbehandelte Zitrone
1 Zimtstange
4 EL Brandy

Vorbereitungszeit *30 Minuten*
Garzeit *30 Minuten*
Schwierigkeitsgrad *einfach*

Die Pfirsiche kurz mit kochendem Wasser überbrühen und häuten, dann halbieren, entsteinen, in grobe Stücke schneiden und in einen Topf geben. 3 EL Wasser, den Zucker, die Zimtstange (nach Geschmack wahlweise auch eine Vanilleschote), die breit abgeschälte Schale und den ausgepressten Saft der Zitrone hinzufügen.

Die Pfirsiche bei starker Hitze rasch zum Kochen bringen, dann bei niedriger Temperatur 25–30 Minuten unter häufigem Rühren köcheln lassen; falls nötig abschäumen.

Wenn die Konfitüre die gewünschte Konsistenz hat, die Zimtstange und die Zitronenschale entfernen. Die Konfitüre in sterilisierte Gläser füllen. Auf jedes Glas 1 EL Brandy geben und die Gläser sofort luftdicht verschließen. Kühl und dunkel aufbewahren.

Traubengelee mit Äpfeln

Für 2 Gläser zu 250 g

500 g weiße Trauben
1 Apfel
250 g Zucker

Vorbereitungszeit *20 Minuten*
Garzeit *75 Minuten*
Schwierigkeitsgrad *einfach*

Die Trauben waschen, von den Stängeln zupfen und in einen Topf geben. Unter Rühren etwa 15 Minuten erhitzen, bis alle Trauben geplatzt sind und der Saft ausgetreten ist.

Die Trauben durch ein sehr feines Sieb passieren, damit alle Häute und Kerne zurückbleiben. Das Traubenpüree in den Topf zurückgeben, den Zucker hinzufügen, wieder auf den Herd setzen, unter Rühren zum Kochen bringen und 30 Minuten kochen.

Den Apfel schälen, entkernen und in kleine Würfel schneiden. Die Apfelwürfel zu den Trauben geben und weitere 30 Minuten kochen, bis das Gelee die gewünschte Konsistenz hat.

Das Gelee in sterilisierte Gläser füllen und luftdicht verschließen. Nach Geschmack kann man 2 Zimtstangen mitkochen, die man vor dem Abfüllen wieder entfernt.

Abbildung links

Kirschen in Rotwein

Für 4 Gläser zu 250 g

200 g Zucker
250 ml Wasser
500 ml Rotwein
1 kg feste Süßkirschen

Vorbereitungszeit *25 Minuten*
Garzeit *15 Minuten*
Schwierigkeitsgrad *einfach*

Zucker und Wasser in einem Topf zum Kochen bringen und 1 Minute sprudelnd kochen lassen. Den Wein hinzufügen und etwas einkochen lassen.

Die gewaschenen, von den Stielen gezupften Kirschen in sterilisierte Einmachgläser schichten. Mit kochendheißem Rotweinsirup auffüllen, bis die Kirschen völlig bedeckt sind.

Die Gläser luftdicht verschließen, im Wasserbad (80 °C) sterilisieren (20 Minuten) und vor dem Verzehr mindestens 1 Monat reifen lassen.

Guter Rat

Kirschen und andere feste Früchte kann man auch in hochprozentigen Alkohol – Rum, Wodka, Grappa, Cognac – einlegen (siehe zum Beispiel Seite 80).

Trockenfruchtmarmelade mit Ingwer

Für 5 Gläser zu 150 g

450 g gemischte Trockenfrüchte (Aprikosen, Pflaumen, Feigen, Datteln)
1,2 l Wasser
300 g brauner Zucker
100 g frisch geriebene Ingwerwurzel
Saft einer Zitrone

Vorbereitungszeit *25 Minuten*
Garzeit *50 Minuten*
Schwierigkeitsgrad *einfach*

Die Trockenfrüchte über Nacht in dem Wasser einweichen. Am nächsten Tag bei mittlerer Hitze unter Rühren 25–30 Minuten kochen.

Den Zucker, den Ingwer und den Zitronensaft hinzufügen. Rühren, bis sich der Zucker völlig gelöst hat. Weitere 20 Minuten köcheln lassen, dabei immer wieder umrühren, damit nichts ansetzt.

Nach der Kochzeit die Marmelade in sterilisierte Gläser füllen, luftdicht verschließen und die Gläser auf den Kopf gestellt auskühlen lassen.

Roter Radicchio

Der violett-rote Radicchio mit seinen weißen Blattadern ist ebenso wie der eng mit ihm verwandte Chicorée eine Zichorienart. Gelegentlich auch rote Endivie und roter Chicorée genannt, hat der Radicchio wie die anderen Zichorien einen typischen bitteren Geschmack, liefert aber viel Eisen, Provitamin A und Vitamin C.

Chutney von rotem Radicchio

Für 4 Gläser zu 150 g

1 kg roter Radicchio
125 ml l Rotwein
125 ml Balsamessig
500 g brauner Zucker
abgeriebene Schale einer unbehandelten Orange
½ TL Zimtpulver
1 Gewürznelke
60 ml Amaretto (Mandellikör)
4 Amaretti (Mandelplätzchen)

Vorbereitungszeit *20 Minuten*
Garzeit *1 Stunde*
Schwierigkeitsgrad *einfach*

Den Radicchio gut waschen und in feine Streifen schneiden. Zusammen mit dem Wein und dem Essig in einen Topf geben und bei mittlerer Hitze kochen, bis die Flüssigkeit fast verdampft ist. Dann abkühlen lassen.

Den Radicchio in einen frischen Topf umfüllen. Zucker, Orangenschale, Zimt, Nelke und Amaretto dazugeben, umrühren und bei mittlerer Hitze 40 Minuten köcheln lassen.

Die Amaretti zerbröseln und die Krümel von je einem Keks auf den Boden eines sterilisierten Einmachglases geben. Dann das noch heiße Chutney in die Gläser füllen und luftdicht verschließen.

Vanille

Verlangt ein Rezept eine ganze Vanilleschote, so schlitzt man sie zuvor der Länge nach auf. Sieht das Rezept vor, dass man sie nach einiger Zeit entfernt, so wirft man sie nicht weg. Man spült sie ab, lässt sie trocknen und steckt sie dann in Stücke geschnitten in ein kleines Glas mit Zucker – so kann man eigenen Vanillezucker herstellen – oder in ein Gläschen mit Rum. Mit ihm kann man dann Süßspeisen aromatisieren.

Pflaumenmarmelade

Für 2 Gläser zu 250 g

1 kg Pflaumen
500 g Zucker
1 Vanilleschote

Vorbereitungszeit *15 Minuten*
Garzeit *90 Minuten*
Schwierigkeitsgrad *einfach*

Die Pflaumen waschen, abtrocknen, halbieren und die Steine entfernen. Die Pflaumen mit dem Zucker in einen Topf geben. Die Vanilleschote quer halbieren, aus jeder Hälfte das Mark mit dem Rücken eines Messers herausdrücken. Das Mark zu den Pflaumen geben, alles durchrühren und zugedeckt 12 Stunden marinieren lassen.

Den Topf auf den Herd stellen und die Pflaumen unter Rühren bei starker Hitze zum Kochen bringen. Dann die Hitze reduzieren und die Pflaumen 90 Minuten köcheln lassen, dabei häufig umrühren.

Die Marmelade in sterilisierte Gläser füllen. Die Gläser luftdicht verschließen und auf den Kopf gestellt auskühlen lassen.

Birnenkonfitüre

Für 2–3 Gläser zu 150 g

1 kg Birnen (Abate)
1 unbehandelte Zitrone
1 Stange Zimt
600 g Zucker
10 Walnüsse, grob gehackt
Grappa

Vorbereitungszeit *45 Minuten*
Garzeit *1 Stunde*
Schwierigkeitsgrad *einfach*

Die Birnen schälen, das Kernhaus entfernen, das Fruchtfleisch in grobe Stücke schneiden und in einen Topf geben. Die Schale der Zitrone direkt über den Birnen abreiben, dann die Zitrone ausdrücken und den Saft sowie die Zimtstange zu den Birnen geben.

Die Birnen bei mittlerer Temperatur zum Kochen bringen (bei weniger saftigen Früchten etwas Wasser zugeben), dabei häufig umrühren. Wenn die Birnen weich sind, den Zimt entfernen.

Den Zucker und die Walnüsse zu den Birnen geben, unter ständigem Rühren bei starker Hitze zum Kochen bringen, dann die Temperatur reduzieren und köcheln lassen, bis die stückige Konfitüre die gewünschte Konsistenz hat.

Die Masse in sterilisierte Gläser füllen. Genau passend geschnittene, durch Grappa gezogene Kreise aus Pergamentpapier direkt auf die Konfitüre legen und die Gläser luftdicht verschließen.

So schmeckt's am besten

Die Birnenkonfitüre ist ein hervorragender süßer Brotaufstrich, passt aber auch sehr gut zu gut gereiftem Hartkäse – etwa einem Pecorino mit schwarzen Pfefferkörnern, den man als Dessert reicht. Die Konfitüre vor dem Verzehr mindestens 2 Wochen ruhen lassen.

Maronen

Man unterscheidet zwischen Maronen, die eine flache, dreieckige Unterseite sowie eine rötlichbraune Schale haben, und den etwas größeren, rundlichen, einseitig abgeflachten Esskastanien, deren Fleisch weniger schmackhaft ist und das sich auch schwerer von der inneren Haut lösen lässt. Frische Maronen sind im Herbst und Winter im Angebot.

Süße Maronenkonfitüre

Den Backofen auf 220 °C vorheizen. Die Schale der Maronen auf der Oberseite mit einem spitzen Messer kreuzweise einritzen. Die Maronen auf einem mit Backpapier ausgelegten Backblech ausbreiten und etwa 10 Minuten backen. Aus dem Ofen nehmen und die noch heißen Maronen aus den Schalen lösen, die Häutchen abziehen und die Maronen in einen Topf geben.

Von den Zitrusfrüchten die Schalen mit einem Sparschäler abschälen und den Saft auspressen. Beides zu den Maronen geben. Zucker und Vanillemark hinzufügen und die Maronen bei milder Hitze 30 Minuten köcheln lassen, eventuell etwas Wasser angießen.

Dann die Zitrusschalen entfernen, 4 EL Rum zugeben und die Maronen mit dem Kartoffelstampfer grob zerdrücken. Weitere 30 Minuten sanft köcheln lassen, dabei häufig umrühren.

Die Masse in sterilisierte Gläser füllen. Genau passend geschnittene, durch den restlichen Rum gezogene Kreise aus Pergamentpapier direkt auf die Maronenkonfitüre legen und die Gläser luftdicht verschließen.

Für 4 Gläser zu 250 g

1,5 kg frische Maronen
1 unbehandelte Zitrone
1 unbehandelte Orange
600 g Zucker
Mark einer Vanilleschote
6–8 EL Rum

Vorbereitungszeit *40 Minuten*
Garzeit *1 Stunde*
Schwierigkeitsgrad *mittel*

So schmeckt's am besten

Nicht nur als Brotaufstrich ist die Maronenkonfitüre eine interessante Abwechslung auf dem Frühstückstisch, sie eignet sich auch als kleine Beilage zu Wildgerichten, ganz besonders zu sauer eingelegtem Wildschweinbraten.

Weine & Liköre

So gut industriell produzierte Liköre auch sein mögen, man wird immer die besondere Note vermissen. Eigene Liköre herzustellen oder Weine mit würzenden Zutaten zu versetzen, um einen Aperitif oder Digestif daraus zu machen, braucht Zeit, Leidenschaft und Sorgfalt. Mehr ist kaum erforderlich, um Spirituosen „nach Großmutters Art" anzusetzen, die eine Epoche in Erinnerung rufen, in der es selbstverständlich war, auch diese Köstlichkeiten selbst zuzubereiten.

Um den Duft und Geschmack traditioneller alkoholischer Getränke neu zu beleben und die Freude zu erfahren, sie selbst herzustellen, bieten wir in diesem Kapitel eine Vielzahl von „Geheimrezepten", wie man sie früher in fast jeder Familie fand. Denn auf dem Land ebenso wie in den städtischen Haushalten war es üblich, im Zuge der Vorratshaltung auch Liköre und Würzweine anzusetzen. Wer sich erst einmal mit den Grundzügen der Herstellung dieser Spirituosen vertraut gemacht hat, kann bald selbst kreativ werden und eigene Ideen umsetzen. Solche selbst gemachten Alkoholika eignen sich dann auch als originelle Geschenke für Freunde und Verwandte.

Der Ursprung der Weine und Liköre

Wein wurde bereits in der Antike gekeltert und ebenso wird er an vielen Stellen in der Bibel erwähnt. Auch war es von Anfang an üblich, Wein mit Kräutern und

Gewürzen zu versetzen. Denn in einer Zeit, in der die Medizin noch in den Kinderschuhen steckte, war der Alkohol ein probates Mittel, um die heilwirksamen Stoffe aus Kräutern und Gewürzen zu extrahieren und diese auf angenehme Weise zu sich zu nehmen. Zudem darf man nicht vergessen, dass die Versorgung mit sauberem Trinkwasser eine Errungenschaft der jüngsten Neuzeit ist; jahrhundertelang war das Wasser eine Quelle der Übertragung von Krankheiten. Entsprechend waren leichte alkoholische Getränke oftmals die gesündere Alternative.

Heute sehen wir die kostbaren Essenzen, mit denen man Weine und Liköre aromatisiert, meist als reine Geschmacksgeber an. Dass sie auch gesundheitlichen Wert haben, spielt nur eine untergeordnete Rolle. Wir bereiten Weine und Liköre vor allem, um sie im rechten Moment genießen zu können oder um ein paar Tropfen davon als exquisite Würze an eine pikante Soße oder an Süßspeisen zu geben.

Von der Frucht zum Likör

Zur Herstellung eigener Liköre braucht man weder besondere Gerätschaften noch große Erfahrung. Allerdings dürfen nur Produkte bester Qualität verwendet werden, welche die gewünschten Aromen in Fülle enthalten, und es muss sauber und sorgfältig gearbeitet werden.

Üblicherweise verwendet man für Liköre frische Früchte und Kräuter der jeweiligen Jahreszeit (manche Kräuter auch getrocknet), denen man nach Geschmack Gewürze zusetzt. Das verwendete Wasser sollte kalk- und natriumarm sein. Wo das normale Leitungswasser das nicht bietet, verwendet man stilles Mineralwasser. Reinen Alkohol der jeweils erforderlichen Prozentmenge bekommt man in der Apotheke. Für viele Liköre kann man aber auch reine Spirituosen mit geringem Eigengeschmack, wie etwa Kornbranntwein, Grappa oder Wodka, verwenden.

Die eigentliche Herstellung läuft immer gleich ab: Man lässt die Früchte oder Kräuter im Alkohol mazerieren, wie man fachsprachlich sagt. Konkret bedeutet das, dass

Lässt man Früchte, Kräuter und Gewürze in reinem Alkohol oder in Wein mazerieren, werden ihnen nicht nur die spezifischen Aromen entzogen, sondern auch ihre anderen Inhaltsstoffe. So wirkt der Sternanis entwässernd und verdauungsfördernd, Zimt dagegen stimulierend bei physischer Erschöpfung.

man sie im Alkohol ziehen lässt wie Teeblätter in heißem Wasser. Die Mazeration kann je nach Rezept an einem kühlen, dunklen Ort oder auch in der prallen Sonne erfolgen und wenige Tage bis Monate dauern. Entsprechende Angaben sind in jedem Rezept enthalten.

Nach der Mazeration muss man die alkoholische Flüssigkeit von den Zusatzstoffen trennen. Selten genügt dafür ein einfaches Sieb, da die Maschen meist zu grob sind. Meist legt man das Sieb oder den eventuell verwendeten Trichter mit einem Mulltuch (Verbandmull) oder einem speziellen Filterpapier (Kaffeefilter oder Filterpapier aus dem Chemiehandel) aus.

Damit es ein Likör und kein aromatisierter Schnaps wird, muss man außerdem Zucker zusetzen, was meist in Form von Zuckersirup geschieht.

Der Zuckersirup

Wer häufiger Liköre herstellt, wird es hilfreich finden, den benötigten Sirup gleich griffbereit zu haben. Für viele Rezepte wird ein sogenannter leichter Sirup verlangt, der entsteht, wenn man 1 Liter Wasser und 500 Gramm Zucker 1 Minute lang sprudelnd kochen lässt. Das ergibt eine Menge von etwa 1,2 Liter Sirup von 20 Grad Baumé (die Einheit, in der man die Zuckerkonzentration wissenschaftlich angibt). Da dieser Sirup nicht gut auf Vorrat zu halten ist, kann man sich einen dichteren, sogenannten Läuterzucker herstellen (er hat kalt 30 bis 32 °Bé). Dazu lässt man 500 Gramm Zucker und 500 Milliliter Wasser 1 Minute sprudelnd kochen (wer es ganz genau machen will, verwendet ein Thermometer: Es muss 102 °C anzeigen). Dieser Läuterzucker lässt sich gut aufbewahren und zur Verwendung gegebenenfalls mit der entsprechenden Menge Wasser verdünnen. Er eignet sich übrigens auch zum Süßen der Grundmasse von Speiseeis, Halbgefrorenem und Sorbets.

Weitere Utensilien

Die meisten Utensilien, die man braucht, finden sich in jedem normalen Haushalt oder man kann sie für wenig Geld erwerben. Zum Ansetzen der Mazeration eignet sich am besten ein großes Einmachglas, das man fest verschließen kann, beziehungsweise ein undurchsichtiges Gefäß aus Porzellan oder Steingut. Diese Behältnisse müssen vor der Verwendung sehr gründlich gespült und am besten sterilisiert werden (siehe Kasten Seite 58). Zum Abfiltern benötigt man ein Sieb sowie ein Mulltuch oder spezielles Filterpapier zum Auslegen des Siebs. Darüber hinaus braucht man ebenfalls sehr sorgfältig gereinigte Flaschen, um den fertigen Likör abzufüllen, wobei ein normaler Haushaltstrichter unverzichtbar ist. Diese Flaschen sollten entweder mit passenden Korken, Schraub- oder Klemmverschlüssen gut verschließbar sein, denn viele Liköre müssen in der Flasche nachreifen und sollen sich außerdem eine Zeitlang halten. Zum Servieren kann man sie dann in hübsche Karaffen umfüllen.

Welcher Likör für welche Gelegenheit?

Je nachdem, welche Kräuter, Früchte und Gewürze man verwendet hat, um einen Wein oder Likör zu aromatisieren, passt er zu bestimmten Gelegenheiten und hat bestimmte gesundheitliche Eigenschaften. Während frische, aromatisierte Weißweine sich gut gekühlt als Aperitif eignen, reicht man Fruchtliköre gern als krönenden Abschluss eines üppigen Menüs zum Kaffee (sie passen aber auch zu einem Tässchen Kaffee am Nachmittag). Reine Kräuterliköre haben meist eine verdauungsfördernde Wirkung, weshalb man sie ebenfalls nach dem Essen serviert. Bei einigen der hier präsentierten Rezepte liegt sogar der Hauptakzent auf dem gesundheitlichen Wert (etwa beim Kamillenwein und Kamillenlikör), während bei einem Schoko- oder Eierlikör eher der Genuss im Vordergrund steht. In jedem Fall nimmt man Liköre ihres Alkoholgehaltes wegen aus kleinen Gläschen in kleinsten Mengen zu sich.

Geschenkideen

Einen mit Liebe und Kreativität selbst hergestellten Likör zu verschenken, ist nicht nur eine gute Idee, sondern auch eine Einladung zu einem Moment der Ruhe und Besinnlichkeit. Das Geschenk gewinnt natürlich zusätzlich, wenn man den Likör in eine originelle Flasche füllt oder eine schlichte Flasche originell verpackt.

Recyclingpapier

Flaschen zu verpacken ist ein bisschen problematisch; sie sind meist von typischer Form und man kann selten verbergen, dass es sich um eine Flasche handelt. Also tritt man die Flucht nach vorn an, betont die Form, wählt

dazu aber ein ungewöhnliches Verpackungsmaterial wie etwa grobes Recyclingpapier. Dann entwirft man am Computer die Beschriftung, die angibt, welcher Likör sich in der Flasche befindet, von wem und wann er hergestellt wurde und wer der Beschenkte ist. Anschließend druckt man das Blatt aus und klebt die einzelnen Zeilen hübsch arrangiert auf das Papier, in das die Flasche eingepackt wird. Zuletzt bindet man in Höhe des Flaschenhalses eine Schleife.

Originelle Dekoration

Gut geeignet für Menschen, deren handwerkliches Geschick sich in engen Grenzen hält, und dennoch originell ist eine Verpackung aus leichter Wellpappe, die mit Blumendraht um den Flaschenhals befestigt wird. Als Verzierung dienen fertige aus dem Dekohandel stammende Plastikfrüchte (oder dekorative Gewürze wie Zimtstangen oder Sternanis), die einen Hinweis darauf geben, welche

Früchte dem verschenkten Likör sein Aroma verleihen. Etwas schwieriger zu handhaben ist Packpapier, das man mit ausgeschnitten Blumenmotiven und Geschenkbandstreifen beklebt.

Flaschenprofile

Wer eine besonders schöne Handschrift besitzt, kann Flaschen vom Typ „Flachmann“ auf die unten vorgestellte Weise „verpacken“. Aus dickerem Tonpapier oder dünnem Karton schneidet man die genaue Umrissform der entsprechenden Flasche zweimal aus. Dann wird einer der Kartons in allerschönster Kalligrafie mit einem weißen, silbernen, goldenen oder anderen passenden Stift beschriftet. Um die Flaschenumrisse zu befestigen verwendet man weiß (oder andersfarbig) beschichteten Blumendraht, den man dekorativ verdreht und verzwirbelt, oder eine farblich passende sehr dünne Kordel.

Furoshiki-Technik

„Furoshiki“ heißt eine aus Japan stammende, ausgefallene und zugleich sehr praktische Technik, um Gegenstände jeglicher Art, Form und Größe so in ein Stoffquadrat einzupacken, dass gleichzeitig ein Henkel oder Griff entsteht, an dem das Objekt transportiert werden kann. Dazu stellt man die Flasche mitten auf das Stoffquadrat, führt zwei gegenüberliegende Zipfel nach oben und verknotet sie über der Flasche zwei Mal. Die anderen beiden Zipfel führt man überkreuz einmal um die Flasche und verknotet sie vorn mit einem doppelten Knoten. Verwendet man als Stoff ein elegantes Halstuch, wird der Empfänger gleich doppelt, mit dem Likör und dem Tuch, beschenkt.

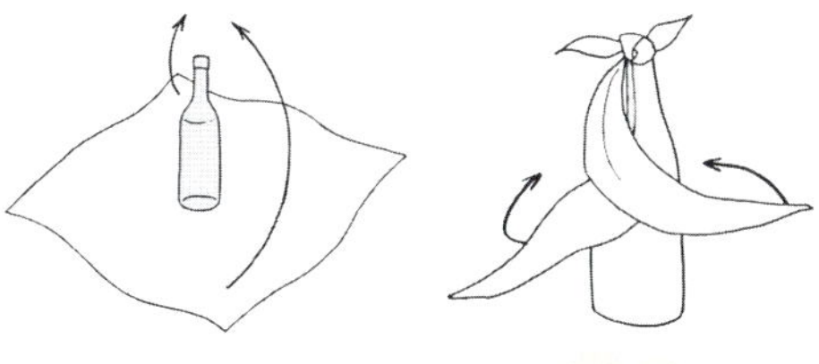

Kräuter und Gewürze

Hier werden einige Kräuter und Gewürze vorgestellt, die bei der Herstellung von Würzweinen und Likören häufig Verwendung finden und auch in unseren Rezepten vorkommen. Getrocknete Gewürze lassen sich in fest verschlossenen dunklen Gläsern aufbewahren, frische Kräuter kann man im eigenen Garten oder auf dem Balkon ziehen.

Safran

Beim teuersten Gewürz der Welt handelt es sich um die Narbenfäden der Krokusart Crocus sativus, die von Hand aus der Blüte gezupft werden müssen. Man sollte nur Safranfäden kaufen, denn der pulverisierte Safran ist oftmals mit Gelbwurz gestreckt. Mit Flüssigkeit benetzt, löst sich der Blütenstaub und färbt sehr intensiv.

Gewürznelken

Dabei handelt es sich um die getrockneten Blütenknospen von Syzygium aromaticum, des zu den Myrtengewächsen gehörenden Gewürznelkenbaums. Auf den Molukken heimisch, wird er heute in allen Tropenländern angebaut. In der Küche verwendet man Nelken für süße wie salzige Speisen und zum Aromatisieren von Weinen (besonders Glühwein) und Likören.

Anis

Das einjährige Doldengewächs Pimpinella anisum gedeiht in vielen Ländern Europas auf leichten Böden in sonniger Lage. Die getrockneten bräunlichen Früchte (Anissamen) verwendet man gern als Gewürz für Brote und Gebäck, vor allem aber zur Aromatisierung von Likören und Schnäpsen wie Anisette, Pastis, Pernot, Ouzo und Raki.

Kamille

Die einjährige Echte Kamille (Matricaria recututa) wird fast weltweit als Arzneipflanze kultiviert. Die zarten Blättchen erntet man im Frühsommer, die Blütenköpfe im Sommer gleich nach dem Erblühen. Mit Kamille aromatisiert man Wermut, Weißwein und Likör und trinkt ihn bei Magen- und Verdauungsbeschwerden als Digestif.

Wacholder

Beim Wachholder handelt es sich um einen immergrünen, zu den Zypressengewächsen gehörenden Strauch (Juniperus communis), der auf sandigen Böden gedeiht. Nur die weiblichen Blüten reifen im Spätherbst zu den „Beeren" heran, die als Gewürz für Wildgerichte und Marinaden verwendet werden und zur Herstellung von klaren Bränden wie Gin und Genever.

Myrte

Die Myrte (Myrtus communis) ist ein immergrüner, im Mittelmeerraum heimischer Strauch, der zwischen März und Juli blüht. Im Herbst bringt er Beeren hervor, die bis Ende November reifen, dann gepflückt und getrocknet werden, um daraus den für Sardinien typischen Myrtenlikör herzustellen. In der Antike galten die Beeren als Aphrodisiakum.

Ysop

Der buschige ausdauernde Halbstrauch (Hyssopus officinalis), der an seinen ährenartigen Blütenständen blaue, violette oder weiße Blüten hervorbringt, liebt fruchtbare Böden in sonniger Lage. In der Küche dient Ysop zum Würzen von fettem Fleisch, in der Likörherstellung ist er Bestandteil vieler Kräuterliköre wie etwa dem Chartreuse.

Wermut

Sowohl der deutsche als auch der wissenschaftliche lateinische Name Artemisia absinthium zeigen an, wozu das Kraut des stark aromatischen, in Mitteleuropa gedeihenden Halbstrauchs verwendet wird: zur Herstellung von Wermut und Absinth (ein Wermut, dem Anis und Fenchel zugesetzt ist). In zu großen Mengen ist Wermutkraut giftig.

Abbildung rechts

Weißdornwein

Für 1 l Wein

1 unbehandelte Orange
30 g getrocknete Weißdornblüten
1 unbehandelte Zitrone
1 Zweig Thymian
1 l Weißwein

Vorbereitungszeit *15 Minuten*
Schwierigkeitsgrad *einfach*

Die Orange gut waschen und abtrocknen, mitsamt der Schale in dünne Scheiben schneiden und die Kerne entfernen.

Die Weißdornblüten mit den Orangenscheiben, der Zitronenschale und dem Thymian in ein großes Einmachglas schichten und den Wein darübergießen.

36 Stunden im Kühlschrank oder an einem kühlen, dunklen Ort ziehen lassen, dann durch ein Mulltuch abseihen und sehr kalt als Aperitif genießen. Das Servierglas nach Geschmack mit einem Orangenstückchen dekorieren.

Guter Rat

Die für diese beiden Rezepte (und die anderen Weine und Liköre) benötigten Blüten, Wurzeln und Gewürze bekommt man als Droge in der Apotheke. So kann man sicher sein, dass sie so rein und sauber sind, dass man sie gefahrlos verwenden kann.

Gewürzwein

Für 1 l Wein

1 l trockener Marsala
50 g Zucker
30 g Chinarinde
20 g Enzianwurzel
50 g Wermutkraut
10 g Zimtstange
10 g Anis
5 g Vanilleschote

Vorbereitungszeit *10 Minuten*
Schwierigkeitsgrad *einfach*

Den Marsala in ein großes Einmachglas mit hermetisch schließendem Deckel füllen.

Den Zucker und die Gewürze hinzufügen, alles gut durchrühren. Das Glas fest verschließen und den Wein 1 Woche an einem kühlen und dunklen Ort durchziehen lassen.

Danach durch ein Mulltuch abseihen, in eine absolut saubere Flasche umfüllen und kalt als Digestif genießen.

Wacholderwein

Für 1 l Wein

1 l trockener Weißwein
50 g Wacholderbeeren

Vorbereitungszeit *5 Minuten*
Schwierigkeitsgrad *einfach*

Eine frische Flasche trockenen Weißwein öffnen, ein halbes Glas davon abgießen und mithilfe eines Trichters die Wacholderbeeren direkt in Weinflasche geben.

Die Flasche wieder verkorken und den Wein 1 Woche im Kühlschrank durchziehen lassen. Danach durch einen mit einem Mulltuch oder einem Kaffeefilter ausgelegten Trichter in eine frische Flasche umfüllen und innerhalb weniger Tage trinken.

Wissenswert
Der Wacholder ist die Grundlage von Spirituosen wie Gin, Genever und natürlich Wacholderschnaps. Die Beeren werden auch als Gewürz, vor allem für Wildfleisch, verwendet. Da Wacholderbeeren harntreibend wirken, nutzte man sie früher (und auch heute noch) zur Durchspülungstherapie bei Infekten der ableitenden Harnwege.

Abbildung links

Kräuterwein mit Honig

Für 2,5 l Wein

20 g frischer Rosmarin
20 g frischer Salbei
20 g frischer Thymian
20 g frische Pfefferminze
1 Stück Zimt
20 g Anissamen
500 ml 60%iger Alkohol
2 l Weißwein
2 EL Honig

Vorbereitungszeit *10 Minuten*
Schwierigkeitsgrad *einfach*

Die Kräuter waschen, mit Küchenpapier trockentupfen und zusammen mit Zimt und Anis in ein fest verschließbares Glas geben. Den reinen Alkohol darübergießen, das Glas verschließen und das Ganze 3 Tage an einem kühlen, dunklen Ort durchziehen lassen, dabei einmal täglich gut durchschütteln.

Nach 3 Tagen durch ein Mulltuch abfiltern, den Weißwein und den Honig dazugeben, durchrühren und erneut an einem kühlen, dunklen Ort 24 Stunden durchziehen lassen. Danach in saubere Flaschen füllen und gut verkorkt vor dem Genuss 3 Monate stehen lassen.

Salbeiwein

Für 1 l Wein

50 g frische Salbeiblätter
1 Stück dünn abgeschälte Zitronenschale
25 g Zucker oder Honig
1 l trockener Weißwein

Vorbereitungszeit *10 Minuten*
Schwierigkeitsgrad *einfach*

Die Salbeiblätter waschen, mit Küchenpapier trockentupfen und zusammen mit der Zitronenschale und dem Zucker oder Honig in ein fest verschließbares Glas geben. Den Weißwein darübergießen, das Glas gut verschließen und den Wein mindestens 3 Wochen an einem kühlen, dunklen Ort durchziehen lassen, dabei einmal täglich gut durchschütteln.

Nach 3 Wochen durch ein Mulltuch abfiltern, in eine saubere Flasche füllen und gut verkorkt im Kühlschrank aufbewahren.

Guter Rat

Man genießt den Salbeiwein als Digestif sowie als Hausmittel bei Magenbeschwerden und Zahnfleischentzündung.

Abbildung rechts

Vino cotto

Für 1 l Wein

3 l Rotweinmost

Vorbereitungszeit *5 Minuten*
Garzeit *40–50 Minuten*
Schwierigkeitsgrad *einfach*

Den Most (den zur Gärung bestimmten Saft aus den gekelteren Trauben, nicht zu verwechseln mit Traubensaft, wie er zum Trinken angeboten wird), in einen großen, nicht verzinnten Kupfertopf geben. Am besten sollte der Topf mit Edelstahl ausgeschlagen sein.

Den Most bei starker Hitze zum Kochen bringen. Wenn er kocht, die Temperatur verringern und den Most unter ständigem Rühren auf etwa ein Drittel einkochen lassen.

Die Herdplatte ausschalten und den Most unter gelegentlichem Rühren auf der Platte völlig auskühlen lassen.

Den Vino cotto (gekochten Wein) in gut verschließbare Flaschen füllen und dunkel aufbewahren. Er hält sich gut 1 Jahr.

Abbildung links

Wein mit Safran und Pomeranzenschale

Für 1 l Wein

1 l trockener Marsala
3 EL Aloesaft
15 g Enzianwurzel
10 g Safranfäden
15 g Gummiharz der Myrrhe
15 g getrocknete Pomeranzenschale

Vorbereitungszeit *5 Minuten*
Schwierigkeitsgrad *einfach*

Marsala, Aloesaft, Enzianwurzel, Safranfäden, Myrrhe und Pomeranzenschale zusammen in ein großes, gut schließendes Einmachglas geben und an einem kühlen, dunklen Ort 10 Tage ziehen lassen, dabei einmal täglich gut durchschütteln.

Nach 10 Tagen durch ein Mulltuch abfiltern, in Flaschen umfüllen und gut verkorkt kühl und dunkel aufbewahren.

Kamillenwein

Für 1 l Wein

1 l Weißwein
100 g getrocknete Kamillenblüten

Vorbereitungszeit *5 Minuten*
Schwierigkeitsgrad *einfach*

Die Kamillenblüten in ein großes, gut schließendes Einmachglas geben, den Weißwein darübergießen und das Glas verschließen. Den Wein an einem kühlen, dunklen Ort 10 Tage ziehen lassen, dabei einmal täglich gut durchschütteln.

Nach 10 Tagen durch ein Mulltuch abfiltern, in Flaschen umfüllen und 1 Woche an einem nicht zu kühlen Ort ruhen lassen. Dann als Digestif direkt nach dem Essen genießen.

Variante

Für eine lieblichere Variante des Kamillenweins gibt man 120 g getrocknete Kamillenblüten zusammen mit 700 ml Süßwein und 5 EL Birnendicksaft in ein Einmachglas, verschließt dieses und lässt den Wein 1 Woche an einem kühlen Ort durchziehen. Dann filtern, in Flaschen füllen und kühl aufbewahren.

Abbildung rechts

Sommerpunsch

Für 2 l Punsch

2 Äpfel (geschält), 2 Orangen (geschält)
250 g Brombeeren
250 g Sauerkirschen, entsteint
80 g Zucker
2 EL Orangenlikör
2 EL Zitronensaft
1 Flasche leichter Rotwein
1 Flasche trockener Sekt

Vorbereitungszeit *30 Minuten*
Schwierigkeitsgrad *einfach*

Die Äpfel und Orangen in kleine Würfel schneiden, zusammen mit Brombeeren und Kirschen in eine große Schüssel geben. Zucker, Orangenlikör und Zitronensaft hinzufügen, durchmischen und zugedeckt 1 Stunde ziehen lassen.

Den Rotwein darübergießen und 2–3 Stunden ziehen lassen, kurz vor dem Servieren den eisgekühlten Sekt hineingeben.

Orangenlikör

Für einen selbst gemachten Orangenlikör 100 g dünn abgeschälte Schale von unbehandelten Orangen mit 500 g Zucker in ein Einmachglas geben und mit 1 l Grappa (Korn, Wodka oder einem anderen klaren Branntwein) übergießen. Das Glas fest verschließen und den Likör 2 Monate ruhen lassen. Danach filtrieren und in Flaschen füllen, verschlossen einen weiteren Monat ruhen lassen.

Wacholderlikör

Für etwa 0,5 l Likör

100 g Wacholderbeeren
250 ml 95%iger Alkohol
300 g Zucker
300 ml Wasser

Vorbereitungszeit *5 Minuten*
Schwierigkeitsgrad *einfach*

Die Wacholderbeeren 1 Monat lang in einem fest schließenden Glas in dem Alkohol ziehen lassen.

Zucker und Wasser in einen Topf geben, zum Kochen bringen und 1 Minute sprudelnd kochen, dann abkühlen lassen.

Den Wacholderalkohol abfiltern, mit dem Sirup vermischen, in eine Flasche füllen, gut verschließen und vor dem Genuss weitere 8 Monate an einem kühlen, dunklen Ort durchziehen lassen.

Abbildung rechts

Centerbe-Likör

Für 1,5 l Likör

Lorbeer, Minze, Basilikum, Ysop,
Kamille, Rosmarin, Salbei,
Zedratzitrone (je 5 g)
Zitronen- und Mandarinenschale (je 5 g)
Wacholderbeeren, Gewürznelken (je 3)
Malvenblüten, Süßholz (je 10 g)
Fenchel- und Anissamen, Thymian,
Zimt (je 3 g)
1 l Kornbranntwein
400 g Zucker
500 ml Wasser

Vorbereitungszeit *20 Minuten*
Garzeit *5 Minuten*
Schwierigkeitsgrad *einfach*

Alle Kräuter und Gewürze in einem Mörser zerreiben, in ein fest verschließbares Glas geben und mit dem Kornbranntwein übergießen. Das Glas verschließen und den Inhalt 20 Tage an einem kühlen, dunklen Ort ziehen lassen, dabei einmal täglich durchschütteln.

Aus Zucker und Wasser einen Sirup bereiten, indem man beides zusammen in einem Topf 1–2 Minuten sprudelnd kochen lässt. Den Sirup abkühlen lassen.

Die Alkoholmischung durch ein feines Mulltuch abfiltern und mit dem Sirup mischen. Den Centerbe in Flaschen füllen und fest verschlossen kühl aufbewahren.

Tannenspitzen-Grappa

Für 0,5 l Likör
500 ml Grappa
400 g junge Tannenspitzen
30 g Zucker

Vorbereitungszeit *10 Minuten*
Schwierigkeitsgrad *einfach*

Die gut gewaschenen und trockengetupften Tannenspitzen in ein fest verschließbares Glas geben, mit dem Grappa übergießen und den Zucker hinzufügen.

Das Glas verschließen und den Inhalt 4 Wochen durchziehen lassen, ohne das Gefäß zu bewegen.

Nach 4 Wochen den Likör durch ein feines Mulltuch abfiltern und die Tannenspitzen fest ausdrücken, um möglichst viel Aroma zu erhalten. Den Likör in eine frische Flasche umfüllen und an einem kühlen, dunklen Ort weitere 4 Wochen ziehen lassen.

Guter Rat

Zur Zubereitung des Likörs sollte man unbedingt einen reinen, klaren Grappa bester Qualität wählen. Junge, frische Tannenspitzen bekommt man eventuell in einer Baumschule oder man pflückt sie selbst im Wald.

Abbildung links

Heidelbeerlikör

Für 0,5 l Likör

2 unbehandelte Zitronen
500 g Heidelbeeren
500 g Zucker
300 ml 95%iger Alkohol
1 Vanilleschote

Vorbereitungszeit *40 Minuten*
Schwierigkeitsgrad *einfach*

Die Schale der gewaschenen Zitronen mit einem Sparschäler abschälen, die Früchte anschließend auspressen.

Die Heidelbeeren waschen und in eine Schüssel mit Wasser geben, das mit dem Zitronensaft versetzt ist. 10 Minuten darin ziehen lassen. Abgießen, gut abtropfen und dann auf Küchenpapier ausgebreitet völlig trocknen lassen. Die Beeren in ein gut verschließbares Glas füllen.

Den Zucker im Alkohol lösen und zusammen mit der Vanilleschote und der Zitronenschale zu den Heidelbeeren geben. Das Glas fest schließen und tagsüber 40 Tage lang in die pralle Sonne stellen (über Nacht ins Haus nehmen). Danach weitere 40 Tage an einem kühlen, dunklen Ort ruhen lassen.

Den Likör durch ein Mulltuch abfiltrieren, in eine Flasche füllen und vor dem Genuss weitere 3 Monate ruhen lassen.

Kräuterlikör

Für 1,5 l Likör

frische Blätter von Pfefferminze, Salbei, Thymian, Basilikum, Majoran und Petersilie (je 30 g)
1 l 95%iger Alkohol
1 unbehandelte Zitrone
500 ml Wasser
500 g Zucker

Vorbereitungszeit *30 Minuten*
Garzeit *5 Minuten*
Schwierigkeitsgrad *einfach*

Die gewaschenen, gut abgetrockneten Kräuter in ein großes, fest schließendes Glas geben und mit dem Alkohol bedecken.

Das verschlossene Glas 2 Wochen an einem kühlen, dunklen Ort ruhen lassen. 3 Tage vor Ende der Ruhezeit die Schale der gut gewaschenen Zitrone zu den Kräutern geben. Das Ganze gut durchmischen und wieder fest verschließen.

Das Wasser mit dem Zucker zum Kochen bringen und 1 Minute sprudelnd kochen, dann abkühlen lassen. Den Sirup nach der Wartezeit in das Glas zu den Kräutern füllen, gut durchmischen, durch ein feines Mulltuch abfiltern und die Kräuter fest ausdrücken.

Den Kräuterlikör in Flaschen füllen und an einem kühlen, dunklen Ort aufbewahren. Vor dem Genuss weitere 3 Wochen ruhen lassen.

Abbildung links

Klosterlikör

Für 1,5 l Likör

20 g Melisseblätter
10 g Ysop
6 g Angelikawurzel
1 g Zimtpulver
1 g Macis
2 g Fenchelsamen
2 Gewürznelken
1 l 95%iger Alkohol
500 g Zucker
600 ml Wasser

Vorbereitungszeit *30 Minuten*
Garzeit *5 Minuten*
Schwierigkeitsgrad *einfach*

Die gewaschenen, gut getrockneten Kräuter zusammen mit den Gewürzen in ein großes, fest verschließbares Glas geben und mit dem Alkohol bedecken. Das Glas schließen und den Inhalt 12 Tage durchziehen lassen.

Zucker und Wasser zusammen zum Kochen bringen und 2 Minuten sprudelnd kochen, dann abkühlen lassen.

Den Zuckersirup zum Alkohol in das Glas geben, gut durchmischen. Das Glas erneut verschließen und den Likör an einem kühlen, dunklen Ort einige Tage ziehen lassen. Nach der Ruhezeit durch ein Mulltuch abfiltern und in Flaschen füllen.

Thymianlikör

Für 1,5 l Likör

50 g frische Thymianzweige mit Blüten
1 l 90%iger Alkohol
800 g Zucker
800 ml Wasser

Vorbereitungszeit *10 Minuten*
Garzeit *5 Minuten*
Schwierigkeitsgrad *einfach*

Den Thymian in einem großen, fest schließenden Glas mit dem Alkohol übergießen und 8 Tage durchziehen lassen.

Zucker und Wasser zum Kochen bringen und 2 Minuten sprudelnd kochen, dann abkühlen lassen. Den erkalteten Sirup zum Alkohol geben, gut durchmischen, anschließend durch ein Mulltuch abfiltern. In Flaschen füllen und vor dem Genuss an einem kühlen, dunklen Ort 3 Monate ruhen lassen.

Variante

Zur Herstellung von zuckerfreiem Thymianschnaps den Thymian knapp mit Wasser bedeckt 1 Minute kochen, dann abkühlen lassen. 1 l Grappa (nach Geschmack auch die Schale von 1 Zitrone) dazugeben und die Mischung fest verschlossen 48 Stunden ziehen lassen. Dann abfiltern, in Flaschen füllen und an einem kühlen, dunklen Ort 1 Monat ruhen lassen.

Abbildung rechts

Eierlikör Vov

Für 1,5 l Likör

10 Eigelb
600 g Zucker
400 ml Milch
50 ml Marsala
1 Vanilleschote
300 ml 95%iger Alkohol

Vorbereitungszeit *30 Minuten*
Garzeit *15 Minuten*
Schwierigkeitsgrad *mittel*

Die Eigelbe mit dem Zucker schaumig rühren, in einen Topf umfüllen und die Milch, 200 ml des Marsalas sowie die Vanilleschote dazugeben. Bei milder Hitze unter ständigem Rühren erhitzen, bis die Masse heiß ist und leicht dickt. Sie darf aber keinesfalls kochen, weil sie sonst gerinnt.

Vom Herd nehmen, ein wenig abkühlen lassen, dann den restlichen Marsala und den Alkohol einrühren. Den Likör in Flaschen füllen und im Kühlschrank 2 Monate ruhen lassen; innerhalb eines Jahres verbrauchen.

So schmeckt's am besten

Der Eierlikör ist vor allem eine sehr leckere Soße zu Süßspeisen wie Flans, gestürzte Cremes, Eis und Fruchtsalate. Er passt auch gut zu einem Tässchen Kaffee.

Lakritzlikör

Für 1 l Likör

100 g reine Lakritze
600 ml Wasser
600 g Zucker
500 ml 90%iger Alkohol

Vorbereitungszeit *10 Minuten*
Garzeit *5 Minuten*
Schwierigkeitsgrad *mittel*

Die Lakritze mit 300 ml Wasser im Wasserbad auflösen. Wenn sie sich völlig verflüssigt hat, etwas abkühlen lassen.

Den Zucker mit dem restlichen Wasser zum Kochen bringen und 2 Minuten sprudelnd kochen, dann abkühlen lassen.

Den Sirup zu der abgekühlten Lakritze geben und den Alkohol hinzufügen. In Flaschen gefüllt vor dem Genuss ein paar Tage ruhen lassen.

So schmeckt's am besten

Der Lakritzlikör sollte gut gekühlt sein, vor allem kann man ihn kalt als Soße zu Süßspeisen (Cremes, Flans, Flammeris, Eis) verwenden.

Vor

Abbildung rechts

Pfefferminzlikör

Für 2 l Likör

60 g frische Pfefferminzblätter
3 g Anissamen
1 l 90%iger Alkohol
1 l Wasser
1 kg Zucker

Vorbereitungszeit *20 Minuten*
Garzeit *5 Minuten*
Schwierigkeitsgrad *einfach*

Die gewaschenen, gut abgetupften Pfefferminzblätter zusammen mit dem Anis in einem großen Glas mit dem Alkohol übergießen und fest verschlossen 1 Woche ziehen lassen. Dabei einmal täglich durchschütteln.

Das Wasser mit dem Zucker zum Kochen bringen, 1 Minute sprudelnd kochen, dann abkühlen lassen.

Den Alkohol durch ein Mulltuch abfiltern, mit dem Sirup mischen, in Flaschen abfüllen und noch 1 Monat an einem kühlen, dunklen Ort ziehen lassen.

Wissenswert

Zur Pflanzengattung Mentha (Minze) gehören viele verschiedene Arten. Unter ihnen ist M. piperita, die Echte Pfefferminze, mit ihrem leicht pfeffrigen Geschmack die aromatischste, weshalb man sie auf vielerlei Weise zur Aromatisierung nutzt.

Erdbeerlikör

Für 2 l Likör

600 g frische Erdbeeren
1 l Wasser
500 g Zucker
1 Vanilleschote
1 l 90%iger Alkohol

Vorbereitungszeit *20 Minuten*
Schwierigkeitsgrad *einfach*

Die Erdbeeren waschen, trockentupfen, dann die Blütenkelche abzupfen. Die ganzen Früchte in einen Steinguttopf (Rumtopf) geben. Wasser, Zucker, Vanilleschote und 500 ml Alkohol hinzufügen und verschlossen 20 Tage ruhen lassen.

Die Flüssigkeit durch ein Mulltuch abfiltern und in Flaschen füllen. Die Früchte wieder in den Steinguttopf geben, mit dem restlichen Alkohol bedecken und beides einen weiteren Monat ziehen lassen. Likör und Früchte getrennt oder zusammen genießen (siehe Kasten).

So schmeckt's am besten

Man kann jeweils eine Erdbeere in ein Glas des kalt servierten Likörs geben oder die Erdbeeren allein als Beilage zu Vanilleeis oder nur mit geschlagener Sahne als Dessert servieren. Mit frischen Walderdbeeren wird der Likör noch aromatischer.

Schlehenlikör

Für 2 l Likör

300 g Schlehen
1 l 95%iger Alkohol
500 g Zucker
1 l Weißwein (12%)
5 Kaffeebohnen

Vorbereitungszeit *20 Minuten*
Schwierigkeitsgrad *einfach*

Die Schlehen (siehe Kasten) waschen, trockentupfen und in einem großen Glas mit dem Alkohol bedeckt an einem kühlen, dunklen Ort 40 Tage ruhen lassen.

Die Flüssigkeit abfiltern, ohne die Schlehen auszupressen. Den Zucker, den Wein und die Kaffeebohnen hinzufügen, erneut mindestens 2 Monate ruhen lassen.

Nochmals abfiltern, in Flaschen füllen und vor dem Genuss weitere 2 Monate ruhen lassen.

Abbildung links

Kirschlikör

Für 1 l Likör

1 kg frische Kirschen
500 g Zucker
1 l 95%iger Alkohol
2 Stangen Zimt

Vorbereitungszeit *45 Minuten*
Schwierigkeitsgrad *einfach*

Die Stiele der Kirschen nicht entfernen, sondern mit der Küchenschere auf etwa 1 cm Länge kürzen. Die Kirschen waschen, gut abtropfen lassen und mit dem Zucker in ein gut schließendes Einmachglas geben. Fest verschlossen 1 Woche durchziehen lassen.

Die Kirschen mit dem Saft, der sich gesammelt hat, in ein frisches Glas umfüllen, den Alkohol und den Zimt dazugeben und erneut 30 Tage ruhen lassen. Dann abfiltern, ohne die Kirschen auszudrücken. Den Likör in Flaschen gefüllt vor dem Genuss 2 weitere Monate ruhen lassen.

Wissenswert

Schlehen, die Früchte des Schlehdorns (Prunus spinosa), reifen im Oktober heran. Sie sehen mit ihrer blauen, bereiften Haut nicht nur wie kleine Pflaumen aus, der Schlehdorn ist auch einer der Vorfahren der Pflaume.

So schmeckt's am besten

Die Kirschen mit Grappa, Rum, Wodka o. Ä. bedeckt aufbewahren und je eine Kirsche in das Glas geben, wenn man den Likör serviert. Man kann auch Fruchtsalate mit ihm aromatisieren.

Abbildung rechts

Nusslikör

Für 2 l Likör

300 grüne Walnüsse
Schale einer unbehandelten Zitrone
2 g Zimt
10 Gewürznelken
1,5 l 36%iger Alkohol
700 g Zucker, 400 ml Wasser

Vorbereitungszeit *30 Minuten*
Schwierigkeitsgrad *mittel*

Die Walnüsse waschen, trockentupfen und vierteln. Zusammen mit der Zitronenschale, Zimt und Nelken in einem großen Glas mit dem Alkohol bedecken und fest verschlossen 4 Monate ruhen lassen. Dabei so oft wie möglich in die pralle Sonne stellen und immer wieder durchschütteln.

Nach der Ruhezeit durch ein Mulltuch filtern und das, was sich im Tuch fängt, fest ausdrücken. Den Zucker im Wasser auflösen und gut mit dem Alkoholgemisch verrühren.

In Flaschen füllen und vor dem Genuss weitere 2 Monate ruhen lassen.

Wissenswert
Der bäuerlichen Tradition gemäß müssen die Nüsse für den Likör am frühen Morgen des 24. Juni gepflückt werden, wenn die Schale noch unreif, weich und grün ist und die Früchte noch feucht vom Frühtau sind.

Kümmellikör

Für 0,5 l Likör

20 g Kümmel
10 g Sternanis
5 g Anis
5 g Koriander
4 Gewürznelken
400 ml 95%iger Alkohol
300 ml Wasser
500 g Zucker

Garzeit *5 Minuten*
Vorbereitungszeit *5 Minuten*
Schwierigkeitsgrad *einfach*

Den Kümmel und die übrigen Gewürze in einem großen Glas mit dem Alkohol übergießen und fest verschlossen 10 Tage ziehen lassen. Dabei einmal täglich durchschütteln.

Das Wasser mit dem Zucker zum Kochen bringen, 1 Minute sprudelnd kochen, dann abkühlen lassen. Zum Gewürzalkohol geben, durchmischen und weitere 10 Tage ziehen lassen.

Die Mischung durch ein Mulltuch abfiltern, in Flaschen füllen und ruhen lassen, bis sich (nach etwa 2 Monaten) Zuckerkristalle am Flaschenboden bilden.

Abbildung links

Grog mit Honig

Für 1 l Grog

500 ml Wasser
4 TL schwarzer Tee
Saft einer Zitrone
4 EL Honig
400 ml brauner Rum

Vorbereitungszeit *10 Minuten*
Garzeit *10 Minuten*
Schwierigkeitsgrad *einfach*

Das Wasser zum Kochen bringen, über den schwarzen Tee gießen und diesen 5–7 Minuten ziehen lassen.

Anschließend den Tee in einen Topf abfiltern, den Topf auf den Herd setzen und den Tee zum Kochen bringen. Dabei den gefilterten Zitronensaft und den Honig einrühren. Wenn sich der Honig gelöst hat, den Topf vom Herd nehmen und den Rum einrühren.

Den Grog sofort sehr heiß in Teegläsern oder in kleinen Gläschen servieren.

Guter Rat

Alternativ bereitet man den Grog ohne Honig zu und bringt ihn mit Honig zu Tisch, sodass jeder nach Geschmack süßen kann.

Eukalyptuslikör

Für 1,5 l Likör

20 frische Eukalyptusblätter
3 EL Zucker
1,5 l Grappa
1 EL Honig

Vorbereitungszeit *10 Minuten*
Schwierigkeitsgrad *einfach*

Die Eukalyptusblätter gründlich mit feuchtem Küchenpapier abwischen, dann zusammen mit Zucker und Grappa in ein großes Glas geben und fest verschließen.

Das Glas 3 Wochen lang im Warmen, am besten neben einem Heizkörper oder beim Ofen, stehen lassen und einmal täglich gut durchschütteln. Danach noch 2 Wochen bei Zimmertemperatur ruhen lassen.

Die Flüssigkeit durch ein feines Mulltuch abfiltern. Den Likör in eine Flasche füllen, dabei ein Gläschen voll extra auffangen. Darin den Honig lösen, dann zu dem Likör in der Flasche geben, diese fest verschließen und den Inhalt gut durchschütteln. Vor dem Genuss einen weiteren Monat ruhen lassen.

Wissenswert

Eukalyptus gilt als wirksames Hausmittel gegen Atemwegsinfekte, weshalb man den Likör gern bei Erkältung zu sich nimmt.

Abbildung rechts

Mistrà

Für 1,5 l Likör

1 unbehandelte Orange
12 g grüne Anissamen
8 g Koriandersamen
3 g Fenchelsamen
500 ml 90%iger Alkohol
600 ml Wasser
600 g Zucker

Vorbereitungszeit *10 Minuten*
Garzeit *5 Minuten*
Schwierigkeitsgrad *einfach*

Mit einem Sparschäler von der gewaschenen Orange die Hälfte der Schale dünn abschälen, zusammen mit den Gewürzen und dem Alkohol in ein fest schließendes Glas geben und 8 Tage ziehen lassen.

Wasser und Zucker zusammen aufkochen, 1 Minute sprudelnd kochen, dann abkühlen lassen.

Den Gewürzalkohol durch ein Mulltuch abfiltern, mit dem Sirup vermischen, in Flaschen füllen und vor dem Genuss mindestens 1 Monat an einem kühlen, dunklen Ort ruhen lassen.

Wissenswert

Der Mistrà ist ein typischer Likör der Provinzen Latium und Marken, verdankt seinen Namen aber dem griechischen Mistras, das die Republik Venedig zwischen dem 17. und 18. Jahrhundert eroberte.

Akazienlikör

Für 1 l Likör

100 g frische Akazienblüten
250 g Zucker
500 ml Aquavit
1 EL Akazienhonig
500 ml Wasser

Vorbereitungszeit *10 Minuten*
Schwierigkeitsgrad *einfach*

Die frisch gepflückten Akazienblüten lagenweise in ein weites Einmachglas geben, jede Schicht mit etwas Zucker bestreuen. Das Gefäß schließen und 48 Stunden ruhen lassen.

Den Aquavit und den Honig zu den Blüten geben und durchschütteln. Ruhen lassen, bis sich der Zucker vollständig gelöst hat. Das Wasser hinzufügen und die Flüssigkeit durch ein Mullltuch abgießen.

Den Likör in saubere Flaschen füllen, diese fest verschließen und den Inhalt vor dem Genuss 1 Woche ruhen lassen. Den Likör innerhalb von 2 Jahren verbrauchen.

Originelle Torten

Wer hat sich beim Blick in das Schaufenster eines Konditors nicht schon einmal gewünscht, solche verlockenden, hübsch dekorierten Kunstwerke selbst erschaffen zu können? In diesem Kapitel verraten wir Ihnen die dazu nötigen Grundrezepte und -techniken sowie einige „Geheimtipps". So zaubern Sie Torten, die jeden staunen lassen.

Selbst Torten zu backen, wie man sie noch nie gesehen hat, ist gar nicht so schwierig, denn jede Torte besteht im Grunde aus denselben Elementen: Teig, Füllung und Glasur sowie Dekoration. Ausgehend von ein paar relativ einfachen Grundrezepten für diese Bausteine kann man mit Fantasie, ein bisschen Übung und etwas Geschick immer neue Kreationen schaffen. Diese Rezepte stellen wir Ihnen im Einleitungskapitel vor. Weiteres Spezialwissen ist nicht notwendig. Im eigentlichen Rezeptteil bieten wir dann auch einige Vorschläge für solche Hobby-Zuckerbäcker, die sich von einer mehrstöckigen Torte oder einer ausgefallenen Dekoration nicht abschrecken, sondern vielmehr inspirieren lassen.

Eine Frage der Fantasie

Wer aus Teig, Füllung und Glasur „Kunstwerke“ der hier vorgestellten Art kreiert und damit nicht nur dem Auge, sondern auch dem Gaumen ein Vergnügen bereiten möchte, darf sich einerseits nicht scheuen, seiner Fantasie freien Lauf zu lassen, muss aber andererseits auch ein paar Grundregeln beachten. Einen simplen Rührkuchen kann man „so nebenbei“ zubereiten, für eine Torte hingegen braucht man nicht nur Zeit und Geduld, man braucht auch einen möglichst großen und peinlich sauberen Arbeitsplatz. Auch sollte man bedenken, dass man mit temperaturempfindlichen Nahrungsmitteln arbeitet und folglich die Küche möglichst kühl und gut gelüftet sein sollte. Und schließlich sollte im Kühlschrank genügend Platz sein, damit man seine Kreation darin unterbringen kann.

Zwar kann man bei der Tortenbäckerei bis zu einem gewissen Grad improvisieren, dennoch ist eine Reihe von Utensilien unverzichtbar. Wenn Sie sich ein Rezept ausgesucht haben, prüfen Sie deshalb nicht nur, ob Sie alle benötigten Zutaten im Haus haben, sondern auch, ob Sie die benötigten Backformen und Geräte, beispielsweise

einen Spritzbeutel mit verschiedenen Tüllen sowie Paletten und Teigschaber, besitzen, um erfolgreich arbeiten zu können.

Ist all das gewährleistet, können Sie sich die Schürze umbinden und loslegen. Je besser Sie die Grundtechniken beherrschen, desto besser können Sie sich von den Vorgaben lösen und der eigenen Fantasie folgend selbst die tollsten Verrücktheiten in die Tat umsetzen.

Kein Geburtstag ohne Torte

Vor allem Kinder erwarten zum Geburtstag einen besonderen Kuchen oder eine Torte, wie es sie sonst nirgendwo gibt. Aber warum nicht auch einmal für den Liebsten zum Valentinstag, für Mama zum Muttertag oder zu einem anderen Fest eine originelle Torte auf den Tisch bringen? Sie kann den Mittelpunkt einer üppigen Kaffeetafel am Nachmittag bilden oder auch den krönenden Abschluss eines Menüs mit mehreren Gängen.

Grundrezepte für Teige und Cremes

Auch die komplizierteste Torte besteht aus den bereits genannten Grundbausteinen. Wir stellen hier drei wichtige Teige vor, mit denen Sie die meisten Ihrer Tortenideen realisieren können, sowie eine Creme, die ein Klassiker in der Tortenbäckerei ist: die sogenannte Konditorcreme, die man nach Belieben aromatisieren und anreichern kann. Übrigens: Die Masse für den Tortenbiskuit, der Konditor nennt ihn Génoise, wird zunächst über dem Wasserbad warm aufgeschlagen.

Blätterteig

Zutaten für 500 g Teig

200 g Mehl, 100 ml Wasser, eine Prise Salz, 200 g Butter

Mehl, Wasser und Salz in einer Schüssel zu einem geschmeidigen Teig verrühren. Den Teig auf bemehlter Arbeitsfläche zu einem Rechteck ausrollen, die Butterplatte darauflegen und in den Teig einschlagen (1). Das Teigpäckchen auf die gefaltete Seite legen und zu einem Rechteck von der Größe der ursprünglichen Platte ausrollen (2). Eine Seite zur Mitte einschlagen, die andere darüberklappen (3), um 90° drehen, erneut zusammenfalten (4) und mindestens 30 Minuten im Kühlschrank ruhen lassen. Den Teig auf bemehlter Arbeitsfläche erneut zum großen Rechteck ausrollen und wiederum wie gezeigt falten. Dies insgesamt 3 Mal wiederholen. Den Teig auf einem mit Backpapier belegten Blech bei 200–220 °C 10–20 Minuten backen.

Tortenbiskuit

Zutaten für etwa 500 g Teig

150 g Zucker, 4 Eier, 150 g Mehl, 30 g Speisestärke

Zucker und Eier mit dem Schneebesen oder Elektroquirl über dem Wasserbad zu einer Creme aufschlagen (1). Dabei aufpassen, dass die Masse nicht zu heiß wird und stockt. Vom Wasserbad nehmen und die Masse schlagen, bis sie kalt ist, dann das mit der Speisestärke vermischte Mehl vorsichtig unterheben (2). Eine passende Sprinform buttern und mit Mehl ausstäuben (3), den Teig einfüllen (4) und im vorgeheizten Backofen bei 180 °C etwa 30 Minuten backen, bis der Teig aufgegangen, gar und zart gebräunt ist.

Mürbeteig

Zutaten für etwa 500 g Teig
250 g Mehl, 125 g kalte Butter in kleinen Würfeln
3 Eigelb, 100 g Zucker
1 unbehandelte Zitrone

Das Mehl auf die Arbeitsfläche sieben, eine Mulde hineindrücken, die übrigen Zutaten in die Mulde geben und die Schale der Zitrone darüber abreiben (1). Mit zwei Teigschabern sämtliche Zutaten vermischen und durcharbeiten, bis eine krümelige Masse entstanden ist (2). Diese mit den Händen möglichst rasch zu einem glatten, geschmeidigen Teig kneten und zu einer Kugel oder einem Laib formen (3). Mit Frischhaltefolie umhüllen und mindestens 30 Minuten im Kühlschrank ruhen lassen. Den Teig auf bemehlter Arbeitsfläche 5 mm dick ausrollen und mithilfe des Rollholzes über die gebutterte Form legen (4). Den Teig mit einer Gabel mehrmals einstechen und im vorgeheizten Backofen bei 180 °C etwa 10 Minuten backen, bis er gar und zart gebräunt ist.

Konditorcreme

Zutaten für etwa 650 g Creme
500 ml Milch
1 Vanilleschote
100 g Zucker
4 Eigelb
40 g Speisestärke (oder Mehl)

Zwei Drittel der Milch mit der aufgeschlitzten Vanilleschote zum Kochen bringen (1). Zucker, Eigelbe und Speisestärke (oder Mehl) mit der restlichen Milch sehr gründlich verrühren, bis die Masse vollkommen glatt ist (2). Sobald die Milch kocht, die Mischung unter Rühren mit dem Schneebesen hineingießen (3). Die Creme unter ständigem Rühren mehrmals aufwallen lassen, vom Herd nehmen und die Vanilleschote entfernen. Die Creme zum Abkühlen in eine Schale geben und mit Puderzucker bestäuben, damit sich keine Haut bildet (4).

Man kann die Creme mit geschlagenem Eiweiß (unter die heiße Creme ziehen) oder mit steif geschlagener Sahne (unter die kalte Creme heben) auflockern. Zudem kann man ihr geschmolzene Schokolade untermischen und sie mit Essenzen, Spirituosen und Likören aromatisieren.

Für Fortgeschrittene

Der eigentliche Pfiff einer Torte ist der „Mantel“, mit dem sie umkleidet wird. Er kann aus Zuckerteig, Marzipan, Schokolade oder Eiweißglasur bestehen – und wenn man erst einmal den Bogen raushat, ist es halb so schwer, ihn herzustellen und damit umzugehen. Ganz zum Schluss darf dann eine fantasievolle Dekoration natürlich nicht fehlen.

Standardglasuren

Zuckerteig, Schokoglasur und Marzipan sind die Klassiker unter den Glasuren. Für den Zuckerteig benötigt man Glukosesirup, einen zähflüssigen Stärkezucker, der nicht mit Glucose (Traubenzucker) zu verwechseln ist. Man bekommt ihn in Konditoreien und im Konditoreifachhandel.

Zuckerteig

Zutaten für eine Torte von Ø 28 cm
500 g Puderzucker, 1 Eiweiß, 30 g Glukosesirup

Den Puderzucker in eine Schüssel sieben und mit dem Eiweiß sowie dem Glukosesirup verkneten, bis ein milchweißer, weicher Teig – vergleichbar einem Nudelteig – entsteht. Ist der Teig zu trocken, gibt man tropfenweise Wasser dazu. In Klarsichtfolie gehüllt und in eine Plastikdose verpackt kann man den Teig etwa 1 Monat aufbewahren.

Schokoglasur

Zutaten für eine Torte von Ø 22 cm
400 g Kuvertüre (oder dunkle beziehungsweise weiße Schokolade)

Die Schokolade fein hacken und die Hälfte davon in einem Wasserbad von höchstens 50 °C vorsichtig schmelzen lassen. Den Rest der Schokolade zugeben, vom Wasserbad nehmen und rühren, bis alles gelöst ist. Die Schokolade jetzt wieder auf das Wasserbad setzen und vorsichtig auf 32 °C erwärmen, dann sofort über die zu glasierende Torte gießen. Nur so ist gewährleistet, dass die Schokoglasur glänzt. Ist die Schokolade beim Wiedererwärmen heißer geworden, wird die Glasur stumpf; das ändert aber nichts am Geschmack. Weiße Schokolade ist weniger empfindlich.

Marzipan
Für 500 g Rohmasse
220 g pulverfein gemahlene Mandeln, 220 g Puderzucker, 2 Eiweiß, 3 Tropfen Bittermandelöl, Puderzucker für die Arbeitsfläche

Alle Zutaten in eine Schüssel geben und mit den Händen so lange kneten, bis eine homogene, weiche Paste entsteht, die sich ausrollen lässt. Wenn man die Zutaten auf der Arbeitsplatte verknetet, muss man diese zuvor mit etwas Puderzucker bestäuben, damit nichts anklebt. Ist der Teig zu trocken, gibt man teelöffelweise mehr Eiweiß zu (Eiweiß mit einer Gabel in einem tiefen Teller ein wenig schlagen, damit es portionierbar wird), ist er zu feucht, mehr Puderzucker einarbeiten. In Klarsichtfolie gehüllt hält sich Marzipan im Kühlschrank 1 Monat.

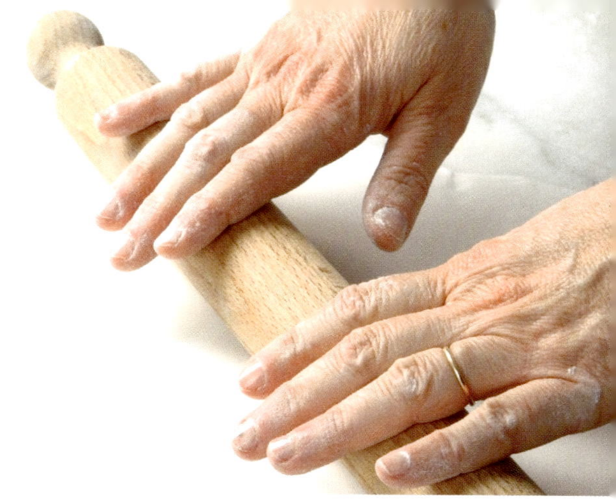
1

2

3

4

Eine Torte fachgerecht umhüllen

Um eine Génoise mit Zuckerteig oder Marzipan zu ummanteln, benötigt man einen Teigroller, ein Teigrädchen, einen Backpinsel und etwas Aprikosenkonfitüre.

Zucker- oder Marzipanteig ausrollen
Den vorbereiteten Zucker- oder Marzipanteig auf einer glatten Oberfläche (am besten eignet sich eine Marmorplatte) zu einem Kreis ausrollen (1); der Teig sollte zimmerwarm, die Platte mit Puderzucker bestäubt sein.
Die Aprikotur
Damit die Glasur hält und der Biskuit nicht austrocknet, bestreicht man die Oberfläche der Torte mit erwärmter und dadurch flüssiger Aprikosenkonfitüre (2).
Die Glasur auf die Torte heben
Die ausgerollte Glasur fein mit Puderzucker überstäuben und vorsichtig um die Teigrolle rollen, mit der Teigrolle aufnehmen und über dem Biskuit wieder abrollen (3).
Glasur fertigstellen
Den Zucker- oder Marzipanteig rundherum glatt streichen und andrücken. Den unten überstehenden Teig mit einem Teigrädchen (oder einem Messer) abschneiden (4). Die Torte kann jetzt weiter dekoriert werden.

Eiweißglasur

Sie ist ganz einfach herzustellen und gut zu handhaben; man kann ganze Torten damit überziehen oder sie als Spritzglasur verwenden. Sie wird beim Trocknen fest.

Eiweißglasur

Zutaten für eine Torte von Ø 20 cm

200 g Puderzucker, 1 Eiweiß, 2 TL Zitronensaft (oder Rum)

Den gesiebten Puderzucker mit dem Eiweiß und dem Zitronensaft so lange rühren, bis eine glatte, seidig glänzende Masse entsteht. Man kann dazu auch den Elektroquirl verwenden. Je nach gewünschter Konsistenz kann man mehr Eiweiß oder Puderzucker zugeben. Die Schüssel mit einem feuchten Tuch abdecken, weil die Oberfläche schnell abtrocknet.

Farbige Glasur

Mit flüssiger Lebensmittelfarbe kann man die Glasur nach Wunsch färben. Man gibt die Farbe, während man die Glasur kräftig rührt (am besten mit dem Elektroquirl), tropfenweise zu, bis der gewünschte Farbton erreicht ist.

Mit Eiweißglasur dekorieren

Die zum Dekorieren verwendete Eiweißspritzglasur wird ebenfalls nach dem oben stehenden Rezept zubereitet, muss aber mehr Puderzucker enthalten, damit sie dicker und zäher wird (vor allem wenn man damit schreiben will). Man rührt sie vorzugsweise mit der Hand und nur in kleiner Menge, füllt sie dann in einen Spritzbeutel mit sehr enger runder Tülle (zum Schreiben) oder mit kleiner Sterntülle (für Dekorationen) und spritzt sie direkt auf die Torte. Man kann auch Ornamente auf Backpapier spritzen, über Nacht trocknen lassen und dann zum Verzieren verwenden.

Mit Eiweißglasur überziehen

Will man eine ganze Torte mit Eiweißglasur überziehen, braucht man eine flüssigere Glasur nach dem oben angegebenen Rezept, man verwendet also mehr Eiweiß. Kleine Kuchen vom Typ Muffin kann man direkt in die Glasur tauchen. Bei großen Torten gießt man die Glasur in die Mitte lässt sie verlaufen und streicht sie mit einer Palette bis zum Rand aus.

Torten aufbauen

Möchte man eine Stockwerktorte nach dem Vorbild amerikanischer Hochzeitstorten aufbauen, gibt es ein paar Tricks, damit es klappt.

Die Stockwerke aufbauen

Will man zwei oder drei nicht zu schwere Torten übereinanderschichten, muss man ihnen Halt geben, damit sie beim Anschneiden nicht verrutschen.

1

3

2

Dafür Holzstäbchen (aus hölzernen Schaschlickspießen) verwenden, die man so tief in die unterste Torte bohrt, dass sie bis zum Boden reichen und nur knapp herausschauen (1). Etwas in der Mitte aufgetragene Eiweißglasur (2) dient als „Kleber", damit die aufgesetzte Torte zusätzlich Halt hat. Eine eventuelle dritte Etage wird ebenfalls mit Eiweißglasur befestigt.

Den Umriss einer Torte schneiden

Um eine Torte von außergewöhnlicher Form zu bilden, schneidet man sich eine Schablone aus Karton, die man auf den gebackenen Biskuit legt. Dann schneidet man den Biskuit an den Außenkanten der Schablone entlang in die gewünschte Form. Dabei entfernt man alle braunen Backkrusten (3), um rundherum glatte, gerade Schnittkanten zu haben, die man problemlos mit Glasur überziehen kann.

Kakao

Wenn die Creme glatt und homogen werden soll, ist es ratsam, den Kakao durch ein Haarsieb zu sieben, ehe man ihn mit der Creme verrührt. So verhindert man, dass sich Klümpchen bilden. Um den Kakao für die Dekoration über die Oberfläche der Torte zu streuen, eignet sich hingegen besser eine Streubüchse, wie man sie auch für Zimtzucker verwendet, beziehungsweise ein gröberes Sieb.

Schoko-Blätterteig-Torte

Für eine Torte von Ø 18–20 cm

Für die Kakaobutter
175 g Mehl
50 g Kakao
750 g Butter

Für den Teig
500 g Mehl
250 ml Wasser
15 g Salz

Für die Creme
300 ml Milch
3 Eigelb
130 g Zucker
50 g geriebene Kuvertüre
70 g Kakao
grob gehackte Walnüsse

Zubereitungszeit *1 Stunde*
Garzeit *30 Minuten*
Schwierigkeitsgrad *schwierig*

Für die Kakaobutter Mehl und Kakao zusammen sieben, mit der Butter rasch zu einem glatten Teig verkneten und im Kühlschrank ruhen lassen. Dann die Zutaten für den Teig verkneten und ebenfalls im Kühlschrank ruhen lassen.

Den Teig ausrollen, die Kakaobutter als 2 cm hohe Platte darauflegen und nach Anweisung auf Seite 150 einen Blätterteig bereiten.

Für die Creme die Milch erhitzen. Währenddessen die Eigelbe mit dem Zucker verrühren. Wenn die Milch kocht, diese unter ständigem Rühren in dünnem Strahl zu dem Zucker-Eigelb-Gemisch geben. Die Masse in den Milchtopf zurückgießen, bei schwacher Hitze unter Rühren die Schokolade darin schmelzen und den Kakao einrühren. Wenn die Creme glatt ist, beiseitestellen.

Den Backofen auf 200 °C vorheizen. Den Blätterteig ausrollen, drei Kreise (Ø 18–20 cm) ausstechen, 8 Minuten backen und auskühlen lassen.

Die Creme in einen Spritzbeutel mit runder Tülle füllen, kleine Kugeln auf die erste Blätterteigplatte spritzen und mit Walnüssen bestreuen. Die zweite Platte daraufsetzen und ebenfalls Cremekugeln daraufspritzen. Die dritte Platte mit Kakao bestäuben, daraufsetzen und nach Geschmack dekorieren.

Kuppeltorte mit Vanillecreme

Den Backofen auf 220 °C vorheizen. Für den Biskuit die Eigelbe mit 40 g Zucker verrühren. Mit dem restlichen Zucker die Eiweiße zu steifem Schnee schlagen und unter die Eigelbmasse heben. Das Mehl darübersieben und ebenfalls vorsichtig untermischen.

Den Biskuitteig auf einem mit Backpapier ausgelegten Backblech mit einer Palette zu einem Rechteck von 18 x 25 cm ausstreichen und etwa 10 Minuten backen. Den Biskuit auf ein Küchentuch stürzen, das Backpapier abziehen. Leicht auskühlen lassen, dann mit der angewärmten Erdbeermarmelade bestreichen und mithilfe des Tuchs zu einer Roulade rollen. Im Kühlschrank 45 Minuten auskühlen lassen.

Die Erdbeeren längs halbieren, mit Zucker bestreuen und mit Grand Marnier übergießen, im Kühlschrank ziehen lassen.

Den Biskuit in dünne Scheiben schneiden und eine Eisbombenform dicht mit den Scheiben auslegen.

Für die Creme die Eigelbe mit dem Zucker schaumig rühren. Die Milch mit dem Vanillemark aufkochen, anschließend unter die Eigelbe rühren, in den Milchtopf zurückgeben und erhitzen, bis die Creme bindet (nicht kochen). Vom Herd nehmen und die in kaltem Wasser eingeweichte Gelatine in der Creme auflösen. Die Sahne mit dem Zucker steif schlagen und unter die Creme heben, wenn diese anzuziehen beginnt.

Die Creme in die mit Rouladenscheiben ausgelegte Form füllen, die Erdbeeren (bis auf einige für die Garnierung) darauf verteilen, dann den Rest der Creme darauf verteilen und glatt streichen. Mindestens 6 Stunden in den Kühlschrank stellen. Die Torte vorsichtig auf einen Teller stürzen und mit den restlichen Erdbeeren und Melisseblättchen nach Geschmack garnieren.

Für eine Torte von Ø 20 cm

Für den Biskuit
4 Eigelb
50 g Zucker
3 Eiweiß
60 g Mehl
150 g Erdbeermarmelade

Für die Fruchtfüllung
250 g Erdbeeren
50 g Zucker
2 EL Grand Marnier

Für die Vanillecreme
4 Eigelb
70 g Zucker
250 ml Milch
Mark einer Vanilleschote
1 Pk. gemahlene Gelatine
250 ml Sahne
1 Pk. Vanillinzucker

Zubereitungszeit *40 Minuten*
Garzeit *20 Minuten*
Schwierigkeitsgrad *mittel*

Mürbetorte mit Kaffeecreme

Für eine Torte von Ø 26 cm

500 g Mürbeteig

Für die Creme
200 ml starker Kaffee
300 ml Milch
4 Eigelb
150 g Zucker
45 g Mehl

Für die Garnierung
100 ml Sahne
Schokoladenspäne

Zubereitungszeit *30 Minuten*
Garzeit *1 Stunde*
Schwierigkeitsgrad *mittel*

Den Mürbeteig wie auf Seite 151 beschrieben zubereiten und im Kühlschrank ruhen lassen.

Den Kaffee zusammen mit der Milch erhitzen. Währenddessen in einer Schüssel die Eigelbe mit Zucker und Mehl verrühren. Die heiße Milch in dünnem Strahl einrühren, die Mischung in den Topf zurückgeben und bei mittlerer Hitze mehrmals aufwallen lassen, dann beiseitestellen.

Den Backofen auf 180 °C vorheizen. Den Mürbeteig ausrollen und eine gut gebutterte Form mit Wellenrand (vorzugsweise mit herausnehmbarem Boden) mit dem Teig auslegen. Die Creme hineinfüllen und glatt streichen. Etwa 40 Minuten backen, aus der Form nehmen und auskühlen lassen.

Kurz vor dem Servieren Sahne steif schlagen, in einen Spritzbeutel mit Sterntülle geben und Sahnetupfen auf die Torte spritzen; zuletzt mit Schokoladenspänen garnieren.

Guter Rat
Damit Sahne beim Aufschlagen nicht gerinnt, sollten sowohl die Sahne selbst als auch das Gefäß und der Schneebesen gut gekühlt sein. Eine Temperatur von etwa 4 °C ist ideal. Es empfiehlt sich deshalb, alles vor Verwendung etwa eine halbe Stunde in den Tiefkühlschrank zu geben. Ist die Sahne zu warm und wird sie zu lange geschlagen, gerinnt sie und wird dann zu Butter. Auch Schokolade, von der man Späne abhobeln will, sollte sehr kalt sein und kurz in den Tiefkühlschrank gelegt werden, damit sie beim Kontakt mit den Händen nicht zu schmelzen beginnt.

Himbeertorte mit Rosenblütenblättern

Nach dem Rezept von Seite 150 einen Tortenbiskuit zubereiten, auskühlen lassen und horizontal halbieren.

Für die Creme die Milch erhitzen. Die Eigelbe mit dem Zucker schaumig rühren, die heiße Milch untermischen, in den Milchtopf zurückgeben und erhitzen, bis die Creme bindet (nicht kochen). Vom Herd nehmen und die eingeweichte Gelatine in der Creme auflösen. Die Himbeeren (die schönsten für die Garnierung zurückbehalten) pürieren und durch ein feines Sieb in die Creme streichen. Zuletzt die geschlagene Sahne und das Rosenwasser (Himbeergeist) unterziehen.

Den unteren Teil des Biskuits in die Springform legen, die Creme darauf verteilen, glatt streichen und im Kühlschrank mindestens 2 Stunden anziehen lassen.

In der Zwischenzeit die Rosenblütenblätter glasieren. Dazu das Eiweiß zu lockerem Schaum schlagen, den Zucker in einen tiefen Teller geben. Die Blütenblätter erst durch das Eiweiß, dann durch den Zucker ziehen und auf einem Drahtrost 20 Minuten trocknen lassen.

Die Torte aus der Springform nehmen, die zweite Biskuitplatte auflegen, mit den glasierten Rosenblättern, ein paar Sahnetupfen und den zurückbehaltenen Himbeeren garnieren und zuletzt leicht mit Puderzucker überstäuben.

Für eine Torte von Ø 20 cm

500 g Tortenbiskuit

Für die Creme
500 ml Milch
3 Eigelb
150 g Zucker
1 Pk. Gelatinepulver, in Wasser gelöst
150 g Himbeeren
300 ml Sahne, steif geschlagen
1 EL Rosenwasser oder Himbeergeist

Für die Garnierung
Blütenblätter einer weißen Rose
1 Eiweiß
50 g Zucker
125 ml geschlagene Sahne
Puderzucker

Zubereitungszeit *1 Stunde*
Garzeit *30 Minuten*
Schwierigkeitsgrad *mittel*

Herzoginnentorte

Für eine Torte von Ø 20 cm

Für den Teig

150 g gemahlene Haselnüsse
250 g Puderzucker
250 g Butter
250 g Mehl

Für die Zabaione

4 Eigelb
100 g Zucker
100 ml Marsala
1 EL Speisestärke

Für dic Schokocreme

5 Eigelb
130 g Zucker
350 ml Milch
Mark einer Vanilleschote
250 g dunkle Schokolade, gerieben
50 g Butter

Für die Garnierung

Puderzucker
kandierte Kirschen
Schokostreusel

Zubereitungszeit *1 Stunde*
Garzeit *50 Minuten*
Schwierigkeitsgrad *mittel*

Nüsse, Puderzucker und Butter verkneten und nach und nach das Mehl einarbeiten, bis ein glatter Teig entsteht. In Klarsichtfolie gehüllt 2 Stunden ruhen lassen.

Den Backofen auf 200 °C vorheizen. Den Teig dritteln, jedes Drittel zu einem Kreis (Ø 20 cm) ausrollen und in gebutterten Springformen 10 Minuten backen. Auskühlen lassen.

Für die Zabaione alle Zutaten zusammen in einem Topf unter ständigem Schlagen mit dem Schneebesen auf mittlerer Hitze zum Kochen bringen und einmal aufwallen lassen, dann beiseitestellen.

Für die Schokocreme die Eigelbe mit dem Zucker verrühren. Die Milch mit dem Vanillemark zum Kochen bringen, heiß unter die Eigelbe rühren, in den Milchtopf zurückgeben und unter Rühren erhitzen, bis die Masse andickt. Dann abkühlen lassen. Die Schokolade über dem Wasserbad schmelzen und die Butter einrühren. Wenn Schokolade und Eigelbcreme die gleiche Temperatur haben, miteinander verrühren.

Den ersten Boden auf eine Tortenplatte legen und mit Schokocreme bestreichen. Den zweiten Boden daraufsetzen und die Zabaione daraufstreichen. Den dritten Boden aufsetzen und die Torte rundherum mit Schokocreme bestreichen sowie mit Puderzucker überstäuben. Die restliche Schokocreme in einen Spritzbeutel geben, Rosetten auf die Torte spritzen und auf jede eine kandierte Kirsche setzen. Den Tortenrand mit Schokostreuseln garnieren.

Knusperschnitten mit Nougatrosetten

Den Mürbeteig nach dem Rezept von Seite 151 zubereiten. Den Backofen auf 180 °C vorheizen. Den Mürbeteig auf bemehlter Arbeitsfläche 2 mm dünn ausrollen und in 12 Rechtecke (10 x 6 cm) schneiden. Auf einem mit Backpapier belegten Blech nach Sicht goldbraun backen und auskühlen lassen.

Für die Creme Nougat, Kuvertüre und Kaffeepulver zusammen in einen Schlagkessel geben und über dem Wasserbad unter gelegentlichem Rühren schmelzen. Dann etwas abkühlen lassen. Die Sahne unterziehen und warten, bis die Masse spritzfest geworden ist. Anschließend in einen Spritzbeutel mit Sterntülle füllen.

Auf 8 Mürbeteigscheiben je 3 Rosetten spritzen, die restlichen 4 erst mit Puderzucker bestäuben, dann ebenfalls 3 Rosetten daraufspritzen. Vorsichtig zu 4 kleinen Türmchen schichten, mit je einer Vanilleschote dekorieren.

Für 4 Knusperschnitten

400 g Mürbeteig

Für die Creme

140 g Nussnougat
130 g Schokolade, grob geraspelt
2 TL lösliches Kaffeepulver
200 ml Sahne, leicht geschlagen

Für die Dekoration

Puderzucker
4 Vanilleschoten

Zubereitungszeit *45 Minuten*
Garzeit *etwa 1 Stunde*
Schwierigkeitsgrad *mittel*

Guter Rat

Je nachdem, wie süß oder herb man die Nougatcreme haben möchte, verwendet man helleren oder dunkleren Nougat und eine Schokolade mit mehr oder weniger hohem Kakaoanteil. Ideal ist eine Schokolade mit einem Kakaoanteil von mindestens 60 Prozent. Besser eine dunkle Schokolade verwenden und die Creme mit etwas Puderzucker süßen, als Vollmilchschokolade zu nehmen.

Pflaumenkuchen mit Baiserhaube

Für eine Torte von Ø 20 cm

Für den Mürbeteig
160 g Mehl
40 g gemahlene Mandeln
80 g Zucker
100 g Butter
2 Eigelb
1 Prise Salz

Für den Belag
400 g Pflaumen (wahlweise auch Susinen oder Nektarinen)
50 g Zucker
Saft einer Zitrone
1 Prise Zimtpulver

Für die Baiserhaube
3 Eiweiß
100 g Puderzucker

Zubereitungszeit *1 Stunde*
Garzeit *85 Minuten*
Schwierigkeitsgrad *mittel*

Aus den Zutaten für den Teig nach der Beschreibung von Seite 151 einen Mürbeteig bereiten, in Klarsichtfolie gewickelt 1 Stunde im Kühlschrank ruhen lassen. Dann auf bemehlter Arbeitsfläche ausrollen, eine gebutterte Pieform damit auslegen, erneut im Kühlschrank 30 Minuten ruhen lassen. Den Backofen auf 220 °C vorheizen, dann den Teig 10 Minuten blindbacken (siehe Kasten).

Die gewaschenen, halbierten und entsteinten Pflaumen mit Zucker, Zitronensaft und Zimt in einen Topf geben und 5 Minuten sanft kochen, dann abkühlen lassen.

Das Eiweiß für die Baiserhaube in einer Schüssel zu Schnee schlagen, dabei den Zucker einrieseln lassen und schlagen, bis die Masse schnittfest ist.

Den blindgebackenen Mürbeteigboden mit den abgetropften Pflaumen belegen. Den Eischnee darauf verteilen und mit einem Löffel kleine Spitzen formen. Bei 100 °C etwa 1 Stunde mehr trocknen lassen als backen, lauwarm verzehren.

Blindbacken

Damit der Boden knusprig bleibt, backt man ihn zunächst blind. Dazu den Teig in der Form mit Backpapier belegen (unbedingt erforderlich, die Hülsenfrüchte backen sonst fest) und darauf getrocknete Hülsenfrüchte (Bohnen/Erbsen) streuen. Den Teig dann 10–12 Minuten backen. Papier und Hülsenfrüchte entfernen.

Kiwi-Cremetorte

Nach dem Rezept von Seite 150 einen Tortenbiskuit zubereiten, auskühlen lassen und horizontal halbieren.

Die Konditorcreme nach dem Rezept von Seite 150 zubereiten (aber nur 300 g davon verwenden). In der noch heißen Creme die eingeweichte Gelatine völlig auflösen, die Sahne unter die abgekühlte Creme heben.

Für den Sirup Likör, Wasser und Zucker in einem Topf zum Kochen bringen, 2 Minuten sprudelnd kochen, dann vom Herd nehmen und kalt werden lassen.

Den unteren Teil des Biskuits in die Springform legen und großzügig mit dem Sirup beträufeln. Die Hälfte der Creme darauf verteilen, glatt streichen und mit dünn geschnittenen Kiwischeiben belegen. Die restliche Creme darauf verteilen und im Kühlschrank mindestens 2 Stunden ziehen lassen.

Die Torte aus der Springform nehmen, den zweiten Biskuitteig auflegen, mit dem restlichen Sirup beträufeln und nach Geschmack mit Kiwikugeln, Cremetupfen und Schokoblättern dekorieren.

Für eine Torte von Ø 20 cm

500 g Tortenbiskuit

Für die Creme
300 g Konditorcreme
1 Pk. Gelatinepulver, in Wasser eingeweicht
150 g Sahne, steif geschlagen
4 Kiwis, geschält

Für den Sirup
25 ml Mandarinenlikör
250 ml Wasser
50 g Zucker

Zubereitungszeit *40 Minuten*
Garzeit *50 Minuten*
Schwierigkeitsgrad *mittel*

Guter Rat

Statt wie beschrieben eine große Torte herzustellen, kann man auch kleine runde oder sechseckige Portionstörtchen, wie im Bild gezeigt, zubereiten. Man braucht dafür Garnierringe in der gewünschten Form, in denen man die Schichten aufbaut. Kurz vor dem Servieren entfernt man die Ringe vorsichtig und dekoriert die Portionstörtchen nach Belieben.

Amarcord

Für eine Torte von Ø 18 cm

500 g Tortenbiskuit
15 g Kakaopulver

Für den Sirup
300 ml Wasser
200 g Zucker
100 ml Maraschino

Für die Creme
125 g Konditorcreme
160 g weiße Schokolade, geschmolzen
200 ml Sahne, steif geschlagen
2–3 EL Amarenakirschen in Sirup

Für die Glasur
60 ml Sahne
70 ml Wasser
90 g Zucker
30 g Kakaopulver
3 Blatt Gelatine, in Wasser eingeweicht

Zubereitungszeit *70 Minuten*
Garzeit *40 Minuten*
Schwierigkeitsgrad *schwierig*

Nach dem Rezept von Seite 150 einen Tortenbiskuit zubereiten, dabei dem Teig zusätzlich 15 g Kakao untermischen. Den ausgekühlten Biskuit horizontal in drei Scheiben schneiden.

Für den Sirup Wasser und Zucker in einem Topf 2 Minuten sprudelnd kochen lassen. Dann vom Herd nehmen, kalt werden lassen und den Maraschino einrühren.

Die Konditorcreme nach dem Rezept von Seite 150 zubereiten (aber nur 125 g davon verwenden). In die noch heiße Creme die geschmolzene weiße Schokolade einrühren. Die geschlagene Sahne unter die abgekühlte Creme heben.

Den untersten Biskuitboden in einen Tortenring legen und großzügig mit dem Sirup beträufeln. Die Hälfte der Creme darauf verteilen, glatt streichen und die Hälfte der grob gehackten Amarenakirschen darauf verteilen. Den zweiten Biskuitboden darauflegen und mit Sirup, Creme und Kirschen wie beschrieben eine weitere Schicht aufbauen. Dann 30 Minuten in den Kühlschrank stellen.

Für die Glasur Sahne, Wasser, Zucker und Kakao zusammen aufkochen und bis auf 103 °C erhitzen. Vom Herd nehmen und auf 60 °C abkühlen lassen. Dann die eingeweichte, gut ausgedrückte Gelatine vollständig darin auflösen. Den dritten Biskuitboden auf die Torte legen, mit dem Guss überziehen und, wenn der Guss fest ist, nach Belieben mit frischen Früchten und Schokolade garnieren.

Wissenswert

Die hier verwendeten Amarenakirschen sind Amarallen, dunkle Sauerkirschen mit herb säuerlichem Geschmack, die in Sirup eingelegt und gern als Garnierung für Eisbecher verwendet werden. Man bekommt sie in sehr gut sortierten Supermärkten in Gläsern oder Dosen.

Kreolische Eis-Torte

Den Backofen auf 220 °C vorheizen. Für den Biskuit die Eigelbe mit der Hälfte des Zuckers verrühren. Mit dem restlichen Zucker die Eiweiße zu steifem Schnee schlagen und unter die Eigelbmasse heben. Mehl und Kakao darübersieben und vorsichtig einrühren. In einer mit Backpapier ausgelegten Springform (Ø 24 cm) 10 Minuten backen.

Für das Mandarineneis das Eigelb mit der Hälfte des Zuckers über dem Wasserbad cremig schlagen. Die eingeweichte Gelatine darin lösen. Das Mandarinenpüree und den Likör untermischen. Das Eiweiß mit dem restlichen Zucker steif schlagen, unter die Masse rühren, dann die Sahne unterheben.

Einen Tortenring (Ø 18 cm) mitten auf den Biskuit setzen, die Eismasse einfüllen, in der Tiefkühltruhe gefrieren lassen (mindestens 2 Stunden).

Inzwischen für das Schokoeis die Schokolade im Wasserbad schmelzen. Milch und Zucker erhitzen, unter die Schokolade rühren, Masse abkühlen lassen und die steif geschlagene Sahne unterheben.

Wenn das Mandarineneis gefroren ist, den Tortenring entfernen. Einen Tortenring (Ø 24 cm) um den Biskuit legen, die Schokoladeneismasse einfüllen, erneut gefrieren lassen.

Für die Glasur Sahne und Kaffee zusammen erhitzen, die Schokolade darin schmelzen lassen. Die eingeweichte, gut ausgedrückte Gelatine darin auflösen. Die Glasur über die fertige Eistorte gießen, erneut gefrieren lassen und vor dem Servieren nach Geschmack mit Schokospänen und kandierten Mandarinen dekorieren.

Für eine Torte von Ø 24 cm

4 Eigelb
50 g Zucker
4 Eiweiß
40 g Mehl
20 g Kakaopulver

Für das Mandarineneis

4 Eigelb
250 g Zucker
3 Blatt Gelatine
300 g pürierte Mandarinen
2 cl Mandarinenlikör
2 Eiweiß
150 ml Sahne, steif geschlagen

Für das Schokoladeneis

750 g Schokolade
600 ml Vollmilch
200 g Zucker
1 l Sahne, steif geschlagen

Für die Glasur

100 ml Sahne
50 ml starker Kaffee
250 g weiße Schokolade
2 Blatt Gelatine

Zubereitungszeit *1 Stunde*
Garzeit *40 Minuten*
Schwierigkeitsgrad *mittel*

Torte mit kandierten Rosen

Für eine Torte von Ø 18 cm

500 g Tortenbiskuit

Für die Aprikotur
1 Glas Aprikosenkonfitüre
100 ml Wasser
1 EL Zitronensaft

Für Glasur und Garnitur
300 g weiße Schokoglasur
etwa 30 Blüten von ungespritzten Rosen
100 g Zucker
1 Eiweiß
Eiweißglasur

Zubereitungszeit *1 Stunde*
Garzeit *30 Minuten*
Schwierigkeitsgrad *mittel*

Nach dem Rezept von Seite 150 einen Tortenbiskuit zubereiten, in einer Springform von Ø 18 cm 30 Minuten backen und auf einem Kuchengitter auskühlen lassen.

Die Aprikosenkonfitüre mit Wasser und Zitronensaft in einem Topf erhitzen, durch ein feinmaschiges Sieb streichen und weitere 5 Minuten einkochen lassen. Mit einem Backpinsel (vorzugsweise aus Silikon, der haart nicht) die heiße Aprikotur auf dem Biskuit verstreichen.

Nach der Anweisung von Seite 152 aus der weißen Schokolade eine Glasur bereiten und den Biskuit damit vollständig überziehen.

Die Rosenblüten dicht am Stängel abschneiden. Den Zucker in einem tiefen Teller bereitstellen, das Eiweiß zu lockerem Schnee schlagen. Jede einzelne Blüte erst in das Eiweiß, dann in den Zucker, zuletzt mit dem Stielende in etwas Eiweißglasur (siehe Seite 154) tauchen und mit dieser als „Klebstoff" die Rosenblüten dicht an dicht auf die Torte setzen. Mit einem Stück Geschenkband dekorieren.

Guter Rat

Diese Torte ist vor allem ein Blickfang, weshalb man sie am besten auf einer Etagere serviert. Man braucht Rosen, die garantiert nicht gespritzt sind (am besten aus dem eigenen Garten). Um aus der Torte selbst mehr zu machen, kann man sie halbieren und beliebig füllen.

Konfetti-Torte

Nach dem Rezept von Seite 150 zwei Tortenbiskuits zubereiten, in Springformen von Ø 20 cm 30 Minuten backen und auf Kuchengittern auskühlen lassen.

Die Aprikosenkonfitüre mit Wasser und Zitronensaft in einem Topf erhitzen, durch ein feinmaschiges Sieb streichen. Mit einem Backpinsel die Oberflächen beider Biskuits mit der heißen Aprikotur bestreichen. Dann beide Biskuits horizontal teilen.

Nach dem Rezept auf Seite 151 eine Konditorcreme zubereiten (eventuell nach Geschmack aromatisieren) und zusammen mit den Biskuitscheiben daraus in Lagen einen Turm aufbauen. 500 g weiße Schokolade nach Anweisung von Seite 152 schmelzen lassen und die Torte damit glasieren.

Zur Herstellung der Konfettis benötigt man Hohlformen verschiedener Größe, wie man sie in der Pralinenherstellung verwendet (flache, wie Muffinbleche aussehende Plastikformen mit halbkugelförmigen Vertiefungen). Die weiße Schokolade im Wasserbad schmelzen. In jede Vertiefung der Formen je einen Tropfen Lebensmittelfarbe geben und dann vorsichtig mit einem Tee- oder Mokkalöffel Schokolade dazugeben, vorsichtig mit einem Holzstäbchen verrühren und in der Form erstarren lassen. Dunkle und Vollmilchschokolade ebenfalls schmelzen und in die Formen füllen.

Die erstarrten Konfettis aus den Formen lösen und mit flüssiger Schokolade oder Eiweißglasur (siehe Seite 154) auf die Torte kleben.

Für eine Torte von Ø 20 cm

1 kg Tortenbiskuit

Für die Aprikotur
1 Glas Aprikosenkonfitüre
100 ml Wasser
1 EL Zitronensaft

Für die Füllung
650 g Konditorcreme

Für die Glasur
500 g weiße Schokolade

Für die Garnierung
250 g weiße Schokolade
flüssige Lebensmittelfarbe
50 g dunkle Schokolade
50 g Vollmilchschokolade

Zubereitungszeit *70 Minuten*
Garzeit *1 Stunde*
Schwierigkeitsgrad *schwierig*

Andere Herstellungsmethode der Konfettis

Die Schokomasse 1–2 mm hoch in flache Schalen mit etwas Lebensmittelfarbe gießen, durchrühren, glatt streichen und mit verschieden großen Ausstechern Kreise unterschiedlicher Größen und Farben ausstechen.

Etagentorte mit Sommerbeeren

Für eine Torte von Ø 22 cm

750 g Tortenbiskuit

Für die Aprikotur
1 Glas Aprikosenkonfitüre
100 ml Wasser
1 EL Zitronensaft

Für die Glasur
1,5 kg Zuckerteig
rote Lebensmittelfarbe
Eiweißglasur

Für die Garnierung
Gemischte Sommerfrüchte

Zubereitungszeit *80 Minuten*
Garzeit *35 Minuten*
Schwierigkeitsgrad *schwierig*

Nach dem Rezept von Seite 150 einen Biskuit von Ø 22 cm und aus der halben Teigmenge einen zweiten von Ø 14 cm backen. Die Aprikosenkonfitüre mit Wasser und Zitronensaft in einem Topf erhitzen. Die Oberflächen beider Biskuits mit einem Backpinsel mit der heißen Aprikotur bestreichen.

Nach Rezept und Anweisung von Seite 152 den Zuckerteig zubereiten und zwei Drittel davon (1 kg) mit Lebensmittelfarbe zart rosa färben. Auf der mit Puderzucker bestäubten Arbeitsfläche drei Viertel des gefärbten Zuckerteigs 3–4 mm dünn zu einem Kreis von etwa Ø 32 ausrollen und den größeren Biskuit vollständig damit überziehen (siehe Seite 153). Mit dem restlichen gefärbten Zuckerteig den kleinen Biskuit überziehen.

Für die weiße „Spitzendecke" von dem restlichen Zuckerteig zwei Drittel zu einem großen Kreis ausrollen und mit einer Konditorschere mit gezahntem Schneideblatt einen exakten Kreis ausschneiden. Mit einem Schaschlickspieß oberhalb der Schnittkante dicht an dicht kleine Dellen eindrücken. Die Oberfläche der größeren Torte mit einem Pinsel leicht mit Wasser benetzen und den Zuckerteig mit der Spitzenborte so darauflegen, dass er rundherum gleichmäßig übersteht.

Einen Schaschlickspieß in vier Stücke teilen und in die Mitte der Torte stecken (siehe Seite 155). Etwas Eiweißglasur (siehe Seite 154) in die Mitte der Hölzchen geben und die kleine Torte passgenau daraufsetzen. Auch für sie wie beschrieben aus dem restlichen Zuckerteig eine Spitzendecke herstellen und ebenso darauf platzieren. Gewaschene, sehr gut abgetrocknete Sommerfrüchte dekorativ auf der Torte arrangieren.

Benötigtes Utensil
Um diese Etagentorte herzustellen, braucht man nicht nur Geschick, sondern auch eine scharfe Konditorschere mit gezahntem Blatt, das beim Schneiden den Wellenrand ergibt.

Schmetterlingstorte

Für eine Torte von Ø 18 cm

500 g Tortenbiskuit
100 g Konditorcreme

Für die Aprikotur
1 Glas Aprikosenkonfitüre
100 ml Wasser
1 EL Zitronensaft

Für die Glasur
500 g Zuckerteig

Für die Garnierung
300 g Marzipanteig
Lebensmittelfarbe
1 Lakritzschnecke
Schokolinsen

Zubereitungszeit *90 Minuten*
Garzeit *45 Minuten*
Schwierigkeitsgrad *schwierig*

Nach dem Rezept von Seite 150 einen Biskuit von Ø 18 cm backen, auskühlen lassen und horizontal halbieren. Eine Konditorcreme nach Anweisung von Seite 151 zubereiten (eventuell nach Geschmack aromatisieren) und etwa 100 g davon auf die untere Hälfte des Biskuits streichen, die obere Hälfte wieder daraufsetzen. Die Aprikosenkonfitüre mit Wasser und Zitronensaft in einem Topf erhitzen. Die Oberflächen des gefüllten Biskuits mit einem Backpinsel mit der heißen Aprikotur bestreichen. Den Biskuit in der Mitte senkrecht halbieren.

Zuckerteig wie auf Seite 152 beschrieben zubereiten und die beiden Biskuithälften damit überziehen (siehe Seite 153).

Nach dem Rezept von Seite 153 Marzipanmasse herstellen und zwei Drittel mit roter, das letzte Drittel mit schwarzer Lebensmittelfarbe einfärben. Aus 100 g rosa Marzipanmasse Körper und Kopf des Schmetterlings formen. Den Körper mit Lakritzschnur umwinden, die Fühler ebenfalls aus Lakritz formen. Für die Augen 2 Schokolinsen verwenden (mit Eiweißglasur festkleben).

Die restliche Marzipanmasse auf einer mit Puderzucker bestäubten Arbeitsplatte ausrollen, mit Ausstechern Blumenformen ausstechen, nach Geschmack kombinieren und die Biskuithälften damit dekorieren. Direkt auf der Servierplatte die Einzelteile zu einem Schmetterling zusammensetzen.

Variante

Diese bestens für einen Kindergeburtstag geeignete Torte kann man auch nur mit Marzipanmasse überziehen oder man verwendet für die Flügel eine Glasur aus weißer Schokolade.

fatto da
Silvia
fatto da
Anna

Register

Kapitelregister

Grundrezepte

Brot & Focaccia

Eingemachtes

Weine & Liköre

Originelle Torten

Allgemeines Register

Erstveröffentlichung 2010 unter dem Titel
Questo l'ho fatto io (ISBN 978-88-6154-282-2)
von FOOD Editore Parma,
ein Imprint von Food S.r.l.
Via Mazzini 6, 43121 Parma, Italien
Telefon: +39(0)521 388510
Telefax: +39(0)521 388517
www.gruppofood.com

Genehmigte Lizenzausgabe
EDITION XXL GmbH
Fränkisch-Crumbach 2011
www.edition-xxl.de

ISBN (13) 978-3-89736-021-1
ISBN (10) 3-89736-021-7

Fotos: Davide Di Prato
Rezepte: Licia Cagnoni und Simone Rugiati
Stefano De Pietri 175, Francesco Elmi 120, Paola Galaverni 71, 76, 84, 87, 99, 100, Romana Gardani 176, 179, 180, 184, Anna Gennari 20, 23, 24, 27, 28, 30, 33, 34, 37, 38, 40, 44, 52, 55, Piero Rainone 171, Paolo Staccoli 172
Übersetzung: Inge Uffelmann